문예신서
2012

부모가 헤어진대요

난 뭐가 뭔지 모르겠어요

**모리스 베르제 교수
이자벨 그라비용**

공나리 옮김

東 文 選

부모가 헤어진대요

Pr Maurice Berger
Isabelle Gravillon
Mes parents se séparent
Je me sens perdu

© Éditions Albin Michel S.A., 2003

차 례

모리스 베르제의 권두언

방법론

　이자벨 그라비용과 합작으로 탄생한 이 책은 이혼한 부모의 아이들에 관한 성찰과 연구 결과물을 대중에게 보여주기 위한 목적으로 씌었으며, 그 연구의 첫발은 23년 전에 시작되었다. 우리의 이야기는 아이가 부모의 이혼에 맞닥뜨릴 때 생기는 3백 가지의 상황들에 대한 분석에 집중하고 있다. 그 중 1백70가지는 매우 복잡한 갈등을 겪은 이혼에 관한 것으로, 가정 법원의 한 판사가 나에게 자문해 온 사례들이다. 나머지 1백30가지는 부모들이, 혹은 부모 중 한쪽이 그들 자식의 정신적인 문제점에 대해 나에게 정신요법의로서의 처방을 받기 위해 의뢰한 사례들이다.

예상치 못한 결과물

　이혼에 관한 선입견 없이 부모들과 아이들의 말을 듣다 보면 우리는 매우 껄끄러운 결론에 도달하게 된다. 그 결론이란 첫째, 이혼은 비록 그것이 잘 극복되는 경우가 많다 할지라도, 아이들에게는 심한 정신적 충격으로 남는다는 것이며, 둘째, 이혼이라는 고난에 대한 어떠한 대책도 그리 신통한 게 될 수 없다는 것이다. 부모들에게 해주는 충고 또한 그들에게 그리 유용하지 못한데, 왜냐하면 대부분의 이혼 위기에 처한 부부들은 감정적인 동요에 사로잡혀 있기에 누군가의 어떠한 말도 귀기울여 들으려 하지 않기 때문이다. 또한 일부의 아이들은 심리적인 치료 가능성이 매우 희박한데, 그 이유는 그들이 느끼는 바에 대해 차분히 생각해 보려 하지 않기 때문이다. 그것을 생각해 보는 것 자체가 그들에게 엄청난 고통을 준다. 하지만 이쯤에서 우리는 위에서 언급한 이유들이 이혼을 계획하고 있는 부모들에게 이혼을 포기하라고 말할 타당한 사유가 될 수는 없음을 말해두고자 한다.

이 책에서 우리는 이혼이라는 상황 속에서 아이가 겪게 되는 여러 가지 다양한 어려움들을 내 진료 기록들 중 뽑아낸 여러 발췌문에 근거하여 보여줄 것이다. 그것은 우리의 예상보다 훨씬 비관적인 모습들을 보여줄지도 모른다. 소개되는 이야기들은 치료가 필요할 정도의 심리적인 고통을 받고 있는 아이들의 사례들이다. 하지만 진료실을 찾아오지 않는 아이들 또한 나를 찾아오는 아이들과 비슷한 생각을 하고 있으며, 동일한 장애를 느끼고 있다는 것은 이미 경험으로 알고 있는 바이다. 단지 그 고통의 강도가 약간 덜하거나, 고통의 기간이 조금 더 짧을 뿐이다.

우리 지식의 빈틈

이혼이 아이들에게 주는 정신적인 영향에 관해서는 아직 밝혀지지 않은 부분들이 많이 있다. 예를 들어 이혼한 부모의 자식들이 일단 성인이 된 후까지 겪는 심리적인 변전 과정에 관해 프랑스 내에서 행해진 임상 연구 사례는 현재까지 없다. 그들이 성인이 된 후 가정을 꾸릴 때, 어렸을 때 겪은 부모의 이혼이라는 사건이 어떠한 영향을 미칠 수 있을까? 미국에서 행해진 연구 결과들이 그 문제에 대한 해답의 도입부를 제시하고 있다. 하지만 우리는 미국에서 행해진 이 결과물들을 지나치게 신뢰할 필요는 없는데, 그 이유는 그것들은 개별적인 상담에 근거한 것이 아니라 주로 설문지를 통해 작성된 부정확한 조사일 뿐이기 때문이다.

또 다른 난점은, 아이들의 거처를 정하는 문제에 관한 법적인 판결에 있다. 내가 아는 바로는, 법적 판결에 따라 발생된 결과(그것이 행복한 결과이든, 불행한 결과이든지간에)에 대해 지금까지 아무런 분석이나 평가가 없었다. 특히 부모가 번갈아서 아이를 맡아 기른 경우에 아이가 겪는 정서적인 체험에 대한 심리학적 연구(단순히 사회학적인 측면에서만이 아닌)는 이러한 유형의 사례가 갖는 장단점을 평가하기 위해 매우 필요하다. 또한 영유아를 아버지가 맡아 기르는 것이 가져올 수 있는 영향에 대해 전문적인 지식을 그다지 고려하지 않은 상태로 무작정 행해지는 경우가 많다. 영유아들은 매우 유약하며, 동시에 매우 중요한 시기에 있다. 6개월에서 18개월 사이 영유아가 여름 한 달 동안 아버지에게 맡겨져서 어머니와 아이가 떨어져 있게 된 경우 초래되는 결과에 대한 장기적인 연구 결과를 우리는 갖고 있지 않다. 단지 단기적으로 관찰했을 때 그것은 매우 좋지 못한 영향을 주었다는 것만을 관찰하였을 뿐이고, 또한 그 반대의 결과가 나오는 경우는 없었다.

내 생각에 가정 문제와 관련된 여러 정부부처에서(법무성·보건성·

가족성) 유년기 연구소나 혹은 이혼 전문 연구센터 같은 것을 설립하는 것이 어떨까 한다. 그러한 기관의 설립 목적은 단순하게 수치화된 자료를 얻어내기 위해서가 아니라(통계수치는 이미 보유하고 있으므로), 장기적인 안목하에 임상의들에 의해 현장에서 행해지는 진료 내용이 조사 대상이 될 것이다. 여기에서 임상의들이란, 고정관념을 갖지 않고 아이들과의 개별적인 상담 실습을 많이 행해 본 심리학자와 정신분석학자, 정신병의를 모두 포함한다. 우리는 인간 이성의 한계를 보여줄 엄청난 규모의 놀라운 사실들을 곧 발견하게 될 것이다.

이자벨 그라비용의 서언

 다음의 사실만은 명확히 해두자. 우리의 목적은 어떠한 경우에도 이혼이라는 것을 피고인석에 앉히기 위해서이거나, 혹은 이혼에 관한 도덕적·이론적인 판단을 하기 위함이 아니라는 것을 말이다. 어떠한 경우에 이혼은 유일한 탈출구일 수 있다. 끊임없는 싸움과 미움 속에서 사는 것보다 헤어지는 편이 훨씬 낫다. 하지만 점점 더 많은 사람들이 이혼과 관련이 있다는 이유로 이혼이라는 사건을 평범한 것으로 만들어 버리는 건 옳은 일이 아니다. 또한 더 이상의 아무런 문제 제기도 없이, 이혼을 사회가 발전해 감에 따라 어쩔 수 없이 발생하는 적응해야 할 상황으로 치부해 버리는 일도 경계해야 할 것이다.

 감히 말하건대, 세상에 성공적인 이혼이란 없다. 결별은 언제나 고통스러운 결과를 이끌고 온다. 그것을 겪은 어른들은 물론이고, 특히나 아이들이 겪어야 할 결과는 더하다. 이러한 결과는 아이들의 관심사에서 어른들의 싸움이 그다지 큰 비중을 차지하지 않는 일로 만들기 위해 노력하거나 혹은 이혼의 나쁜 영향을 줄이기 위해 최선의 노력을 다한다 할지라도 마찬가지이다(대부분의 이혼 부모가 그러한 노력을 한다는 것은 어쨌든 다행스러운 일이다).

 따라서 우리는 고통을 경감시켜 줄 만한 사례들을 소개하기보다는(그러한 이야기는 죄책감을 덜어 준다는 엄청난 이점을 갖고 있기는 하다), 우리 자신이 직접 아이의 관점이 되어서 이혼을 정면에서 바라보는 방식을 택하였다. 자신에게 생명을 준 부모 두 사람의 사이가 산산조각 날 때 아이는 어떤 심정일까? 우리는 이 책을 통해 많은 것들을 보게 될 것이고, 그것들은 결코 그리 유쾌한 것들이 아니다. 두려움 · 화남 · 죄책감 · 혼돈······.

하지만 이 책을 읽어 나가는 게 자신을 학대하는 일이 될 것이라고 지레짐작할 필요는 없다. 또한 이 책은 이혼을 겪은 당신의 아이가 겪을 고통을 줄여 주기 위한 충고들이 나와 있는 이혼한 부모들의 지침서는 더욱 아니다. 단지 우리는 당신의 아이가 겪은 심적인 변화 과정을 당신이 보다 잘 이해할 수 있도록 몇 가지 열쇠가 되는 말들을 해주려고 할 뿐이다.

우리의 조언은 당신이 어떠한 일을 잘못 해석하지 않도록 도와줄 것이며, 또한 종종 그럴싸한 가면을 쓰고 있는 것들을 보여지는 그대로 믿어 버리지 않도록 당신을 도와줄 것임이 분명하다. 가령, 아이가 다른 쪽 부모의 집에 갔다 온 후 당신에게 밉살스럽게 행동한다면, 그것은 그쪽 부모가 아이에게 잘못 행동하였거나 혹은 당신에 대해 나쁜 말들만 늘어놓았기 때문은 결코 아니다. 그것은 단지, 이제 너무나 달라져 버린 두 세계를 드나드는 것이 아이에게 고통스러운 일이기 때문임을 알아야 한다.

전문가의 도움 없이는 접근할 수 없는 심리정신적 체계를 함께 분해해 보기, 이것이 바로 우리가 당신에게 제시하고자 하는 것이다. 왜냐하면 빛은 언제나 어둠보다는 나은 것이기에······. 비록 그것이 상처를 비출지라도 말이다.

1
내 고통은 조금도 덜어지지 않았어요

부모의 이혼이 비록 아이들에게는 견디기 힘든 일이 되겠지만, 사람들은 이혼에 있어서 적어도 한 가지 이점을 기대한다. 즉 아이로부터 부모의 싸움이라는 무거운 짐을 덜어 주고, 그를 고통스럽게 했던 유해한 가정 생활에 종지부를 찍을 수 있다는 점을 말이다. 하지만 현실에서는 그리 단순히 끝나 버릴 문제가 아니다. 아이들은 이혼으로 인해 좀처럼 안도감을 얻지 못하기 때문이다.

자신이 사랑했었고, 함께 아이들을 낳아 기른 남편, 혹은 아내와 헤어질 결심을 하는 것보다 더 힘겨운 일이 또 있을까? 인생의 패배자란 느낌, 외로움에 대한 공포, 완전히 새로이 만들어 가야 할 미래에 대한 현기증, 상대를 고통스럽게 만들었다는 죄책감, 화목한 가정을 포기하는 고통과 그러한 고통을 아이들에게 강요해야 하는 어려움······. 이런 모든 점들은 한데 뭉쳐서 부모들로 하여금 갈라서는 것을 단념하게 만든다.

하지만 이런 모든 '바람직하게 작용하는 사유들'에 반하여 단 한 가지 생각만이 들 수도 있다. 그것은 바로 헤어지는 것이 어쩌면 아이들에게 더 좋을지도 모른다는 생각이다. 더 이상 아이들에게 끊이지 않는 싸움과 닥치는 대로 부딪치는 좋지 못한 모습, 또한 영원히 계속될 것만 같은 긴장감을 강요할 수는 없다. 집 안에서 언성이 높아질 때마다 아이들의 눈에 어리는 불안감을 무한정 참아낼 수만은 없으며, 그럴 때마다 아이들이 끝없는 분쟁을 보지 않기 위해 자신의 방으로 문을 닫고 들어가는 모습을 더 이상 방관할 수만은 없다. "애들 때문에 참고 산다"는 그 유명한 말은 이제 더 이상 먹히지 않는다. 참다 못한 아이들 스스로가 먼저 부모에게 이혼을 권고하는 지경에 이르렀기 때문이다. "그렇게 끊임없이 싸우려면 차라리 이혼해 버리세요!"

그러다가 결국 어느 날에는 결심을 굳히고, 이혼을 말하게 된다. 배우자와 의견이 일치하기도 하고, 또 때로는 혼자만의 일방적인 결심일 때도 있다. 어떤 사람들은 상대방에게 실망하여 그러한 결정을 아예 무시해 버리기도 한다. 또 어떤 이들은 이제 끝났다는 느낌으로 안도의 숨을 내쉬고, 마침내 막다른 골목에서 빠져나왔다는 느낌까지 받는다. 그리고 아이들도 그들처럼 그러한 안도감을 느낄 것이라 생각한다.

짧은 기억

비록 일부의 경우 어른들에게는 이혼이 실질적으로 일종의 안도감으로 작용할 수 있을지 모르겠지만, 아이들에게 있어서 이혼은 불행하게도 동일한 작용을 해주지 못하는 것처럼 보인다. 물론 아이들은 미리 예상하고 있었고, 그토록 두려워하고 있던 이혼이라는 결정이 실제로 선언됨에 따라 언제 터질지 모르던 불안으로부터 벗어났다는 느낌은 받을 것이다. 더 이상 다모클레스처럼 머리카락 한 올에 매달린 칼을 머리 위에 두고 살지 않아도 되며, 더 이상 앞으로 전개될지도 모르는 끔찍할 정도로 불안한 시나리오에 전전긍긍하지 않아도 된다. 반대로 자신의 힘으로 움직일 수 있는 현실에 직면하게 될 것이고, 또한 그럼으로써 부분적으로 부담이 덜어지긴 할 것이다. 하지만 부모들과 달리 아이들은 앞으로 더 잘될 것이며, 새로운 삶이 펼쳐질 것이고, 또한 새로운 사랑이 지금의 상처를 감싸 안아 줄 것이라는 희망을 갖지 않는다. 아이들에게 있어서 모든 것은 부모가 헤어질 때 일순간 부서져서 날아가 버리는 것이다. 흥분한 상태에서 부모에게 이혼할 것을 부추긴 아이들조차도 이러한 상실감은 마찬가지이다.

그러면 그들을 그토록 못살게 만들었던 싸움은? 희한하게도 아이들은 그런 기억들을 놀랄 만큼 빨리 잊어버린다. 이것은 잘 알려진 바대로 나쁜 순간들을 지워 버리는 심적 기능과 관련된다. 이는 나쁜 기억으로부터 해방되어 좋은 상태로 나아가고자 하기 위함이다. 수많은 여성들이 고통스러운 출산을 겪은 후, 다시는 아이를 낳지 않으리라 결심하지 않았던가? 하지만 출산을 경험한 여성들이 불과 2주 만에 그 단호했던 선언을 번복하게 되는 일이 얼마나 많은지! 또한 얼마나 많은 등반가들이 지친 몸으로 등반을 마친 후에 다시는 산에 오르지 않겠다고 결심하고서도 얼마간의 시간이 지난 후, 다시금 길고 힘든 산으로의 여정을 시작해 왔던가?

이혼 이후 아이들은 부모가 겪었던, 그들에게 있어서는 불안하고 힘들었던 순간들을 흐리게 만들려는 경향이 있다. 심지어 많은 아이들은 부모가 심각할 정도로 서로에게 상처를 주면서 싸웠던 기억을 아예 잊어버리기도 하며, 오직 화목했던 순간들만을 기억한다. 그들은 스스로 잃어버린 신비로운 낙원에 대한 이미지를 만들어 놓고 있는 것이다. 따라서 이혼은 위안이 될 수 없다. 오히려 견딜 수 없는 상실인 것이다.

아이들이 부모 이혼의 '지지자가 되는' 단 하나의 경우는 바로 부부 간에 반복적으로 폭력이 행사되었을 경우이다. 자신을 낳아 준 부모 가 맞는 것을 보는 것, 또 때로는 그 중간에 끼어들어야 되는 상황은 아이들에게 있어서는 참기 어려운 일이다. 그러한 상황이라면, 아니 그러한 상황에서만은 유일하게 아이들은 부모가 헤어지는 것을 오히 려 원하게 되는 것이다.

이혼만 빼고 모두 다?

우리는 지금까지 필시 고통스러운 이혼 후의 삶을 잘 살아낼 수도 있을 거라는 생각이 무참히 공격당함을 보았다. 즉 아이들을 위해 이 혼한다는 것은 결코 바람직하지 않다는 말이다. 이혼 후, 싸움을 더 이 상 겪지 않는다는 것만으로 아이들은 결코 안도감을 얻지 못한다. 그 렇다면 불화 속에서 다른 모든 것을 감수하고라도 같이 지내야만 한 다는 말인가? 우리는 이 질문에 대해 깔끔하고 명료한 답을 원한다. 전문적인 이론의 가세와 함께 이에 관한 연구는 계속되고 있고, 또 상 반된 의견을 내놓기도 한다.

미국인 임상의 주디스 월러스타인에 의해 출간된 최근의 저서인 《이 혼의 예상치 못한 유산》[1]은 큰 반향을 불러일으켰다. 그녀는 이 책에

1) *The unexpected legacy of divorce*, Judith S. Wallerstein, Julia M. Lewis, Sandra Blakeslee, New York, Hyperion, 2000.

서 삐걱거리는 결혼 생활이 성공적인 이혼보다 훨씬 낫다는 것을 목청 높여 외치고 있다. "아이들은 부모가 서로 사랑하는 것을 필요로 하지 않습니다. 서로에 대해 예의를 갖추는 것도 굳이 필요하지 않지요. 아이들은 오직 부모가 함께 있는 것을 필요로 할 뿐입니다"라고 그녀는 적고 있다. 이것은 그녀가 1백31명 아이들의 삶을 25년 전, 부모의 이혼을 겪었을 당시에서부터 지금까지의 시간을 추적해 본 후에 내린 결론이다. 이 전문가에 따르자면, 지금 어른이 된 그 아이들은 안정된 가정에서 성장한 아이들보다 훨씬 약물과 알코올에 나약함을 보인다고 한다. 또한 그들은 부모들보다 소득이 높지 않았을 뿐만 아니라 교육 수준도 낮다고 한다. "만약 그 부모들이 아이들에게 야기할 잘못에 대해 미리 의심해 보았더라면, 결코 그들은 가정을 깨지 않았을 것입니다"라고 그녀는 말한다.

하지만 이 연구는 한 가지 문제점을 갖고 있다. 그것은 바로 그녀가 이혼한 가정의 아이들과 '법적으로 가족'이긴 하지만 갈등을 겪으며 산 가정의 아이들을 비교하지 않았다는 점이고, 바로 이 점이 그녀의 연구에 대한 신뢰를 반감시키고 있다. 또한 다른 논문에서 월러스타인은 자신의 생각을 다소 모호하게 표현하고 있다. 10세 아이들은 이혼에도 불구하고 나름대로 잘 성장하였음이 관찰되었다. 비록 그들 중 반수가 아직도 부모의 화해를 바라고, 예전의 화목했던 생활에 대한 향수를 갖고 있긴 하지만 말이다. 19-29세의 아이들 중 상당수는 그들 자신이 많이 성숙하였음과, 독립성을 갖게 됨에 스스로 자랑스러워하였지만 이혼이 어린 시절의 일부를 망쳐 버렸다고 생각하고 있었다. 또한 그들은 부모에 대한 일종의 원망스러움을 갖고 있었으며, 불행한 결혼 생활을 따라하게 되지 않을까 하는 걱정을 갖고 있었다. 이 두 사례 중, 어느 쪽에 더 비중을 두어야 할까? 단정할 수 없다……. 하지만 한 가지는 지적해야 할 것이다. 주디스 월러스타인의 저서가 갖는 결점에도 불구하고, 그 책은 우리가 다음과 같이 요약할 수 있을 결론을 구체적으로 제시한다. 즉 '이혼만 빼고 다른 건 다……'

또 다른 연구들은 다소 다른 의견을 제시하고 있다. 그것들 중 하나는 육체적인 질병과 심리적인 질환은 어렸을 때 심한 가정불화를 겪은 적이 있는 성인들에게 있어서 훨씬 심각하게 드러난다고 주장한다. 또한 이혼한 가정의 경우보다, 이혼하지 않고 같이 살면서 가정불화를 겪은 경우에 더욱 심하게 나타난다고 밝히고 있다.[2] 그렇다면 결론은, 아이에게 좋지 못한 것은 이혼 그 자체가 아니라, 결국엔 부모의 잦은 싸움인 것이다.

가장 고려해 볼 만한 다른 연구물들도 실제로 이와 유사한 결론을 지지하고 있으며, 다음의 사항들을 강조하고 있다.

1. 대부분의 아이들이 부모의 이혼 이후 1년에서 2년 동안 정서적인 장해를 겪는 시기를 거친다.

2. 이혼 후 오랜 시간이 지나면, 그들의 행동 양상은 '이혼하지 않은' 가정의 아이들과 별반 다를 바가 없다. 더군다나 부모간의 갈등 정도가 현저하게 완화되었을 때는 더욱 그러하다.

3. 매우 흥미로운 방식으로 진행된 한 연구는, 1백 10가구를 대상으로 아이의 태어남에서부터 14세가 되기까지를 관찰하고 있다. 이 연구에 따르자면 부모가 이혼한 마흔한 개 가정의 경우, 아이가 보이는

---

2) 조르주 메나헴(Georges Menahem, 보건위생학 연구소 연구원), 〈성인의 정신적 장애와 유년 시절 가정 문제간의 상관 관계〉, *Population*, n° 4, 1992.

정서적인 문제점의 대부분은 이혼 전부터 갖고 있던 것이었다.

4. 다른 여러 조사들에서도 동일한 결론에 이르고 있으며, 보다 더한 결론을 내리고 있다. 즉 아이의 정서적인 발달에 있어서 핵심적인 요소는 부모간 갈등의 유무에 달려 있고, 특히 아이가 부모간 갈등에 어떤 방식으로 연루되고 있느냐에 달려 있지, 결코 이혼 그 자체가 정서적 장해의 원인은 아니라는 것이다.[3]

따라서 뚜렷한 갈등 상황을 더 이상 겪지 않는 이혼 가정 출신의 아이들이 계속적인 갈등 속에 있는 이혼하지 않은 가정의 아이들보다 문제점을 덜 안고 있다는 것이다. 후자에 속한 아이들은 별로 다툴 일이 없는 이혼한 가정의 아이들보다 학업에 있어서도 부진하고 공격 성향이 강하며, (소년들의 경우) 범죄 성향을 띠고, (소녀들의 경우) 우울증과 불안증세를 많이 보인다. 학교에서는 선생님이 학생들에게 다음과 같이 말하는 우스꽝스러운 광경[4]을 접하게 되기도 한다. "부모님이 이혼했지만 좋은 관계를 유지하고 있는 학생들은 부모님이 같이 살면서 매일 싸우는 학생들을 잘 좀 도와주길 바랍니다." 뒤에서도 계속 살펴보게 되겠지만, 이혼이란 것이 아이에게 엄청난 충격이 되는 건 분명하지만, 언제나 필연적으로 꼭 그런 것만은 아니라는 것이다.

이 연구에서는 가정마다 각각 특수한 상황이 있을 수 있음을 미리 계산에 넣어야 하며, 또한 아이들 개개인도 부모의 갈등과 이혼이라는 상황에 직면할 때 사용하게 되는 정신적인 에너지도 개인마다 다르게 가지고 있다는 것을 상정해두어야 한다.

---

3) 자크 르콩트(Jacques Lecomte), 〈이혼 가정의 아이들은 어떻게 되었나? Que deviennent les enfants du divorce?〉, *Sciences Humaines*, n° 93, 1999, p.13-17.
4) *Ibid*.

우리는 이제 매우 장기간에 걸쳐 부모의 싸움을 중심에서 겪은 아이들이 가장 심각하고 다루기 힘든 문제를 안고 있다는 것을 알게 되었다. 이혼하기를 거부하고 서로 미워하며 한 가족으로 사는 집안의 아이들은 대부분 불행한 이야기 속 주인공을 연상케 하였다. 그 이야기의 주인공은 생각의 자유를 구속하고, 출구도 없이 자신을 고통스럽게 만드는 무기력한 퍼즐로 가득 찬 방 안으로 돌아온다. 또한 혼자 힘으로 풀 수도 없으며, 아주 오랫동안 그곳에 갇혀 있어야 할지도 모른다.

분쟁: 넘실거리는 큰 파도

사건의 본질적인 요소들 중 하나에 집중해 보자. 부모간의 분쟁은 아이에게 정말로 정신적인 충격을 주는 것일까? 거기에 대해서 우리는 단호하게 '그렇다'라고 대답할 것이다. 심각하지 않은 부부간의 말다툼 같은 것은 논외로 하자. 그런 경우 아이는 어느 정도까지 자신이 부모의 말다툼에 개입할 것인지에 대해 완벽하게 알고 있다. 아이에게 그것은 오이디푸스 콤플렉스를 실천하게 되는 기회가 될 수 있다. 여자아이인 경우 어머니에 반대하여 아버지 편을 들고, 남자아이인 경우 그 반대가 될 것이다. 아이는 그런 작은 갈등들을 오히려 매우 반가워하며 즐기기도 하는데, 왜냐하면 그것이 비극적인 것이 아니라는 것을 잘 알고 있기 때문이다.

반면 아이는 이혼의 위기까지 갈 수도 있는 심각한 부부 싸움을 감지하는 능력을 갖고 있다. 이런 경우 아이가 더 이상 부부 싸움에 끼어들 여지가 없어진다. 아이는 이제 단 한 가지 바람밖에는 없는데, 그것은 싸움에 연루되지 않도록 가능한 멀리 도망치는 것이다. 아이의 가장 큰 걱정은 사실, 자신이 세상에서 제일 사랑하는 두 사람인 아버지와 어머니에 대해 그가 갖고 있는 사랑을 똑같이 이등분하기 위해 노력하는 것이다. 둘 중 한쪽이 잘못하고 있다는 게 객관적으로 분명한 경우라도, 아이가 잘못한 쪽을 비난하는 일이 드물다는 것은 매우 놀라운 사실이다. 아이에게는 부모 두 사람이 다 잘못한 것으로 느껴지기 때문이다.

아이의 이러한 절대적인 중립적 태도는, 두 사람 사이에 끼어 이러지도 저러지도 못하는 상황에 처하지 않고 자신의 개체성을 지키기 위한 유일한 방도이다. 싸우고 있는 두 친구 앞에서라면 아이는 분명 누가 옳고 그른지를 가려내려 할 것이고, 문제 해결을 위해, 갈등을 완화시키기 위해 애쓸 것이다. 하지만 부모에 관해서 아이의 최대 관심사는 그들 두 사람을 똑같이 사랑하고 있으며, 그들이 헤어지는 상황을 방지해야 한다는 것이다. 누가 옳고 그른지에 대한 판단은, 비록 그 판단이 정확하다 할지라도 불 위에 기름을 붓는 격이 될지도 모르며, 또한 만약 두 사이가 더 악화된다면 그에 대한 책임감을 느끼게 되는 원인이 될 수 있다.

아이는 불안감에 사로잡혀, 마치 거센 물결의 파도에 휩쓸린 사태에 대해 아무런 손 쓸 방도도 알지 못하는 상태가 되어 버린다. 이는 아이에게 끔찍할 정도로 폭력적이고 황폐한 상황이 될 것이다.

미워하기는 이제 그만

아이가 부모의 이혼을 겪은 이후, 부부 싸움에서 해방되었음에 대해 그다지 위로를 못 느낀다 할지라도, 어쨌든 아이에게는 이로운 것이라고 감히 말하고 싶다. 하지만 이는 단지 이혼 이후에 부부간의 갈등 상황이 더 이상 지속되지 않는다는 조건하에서만 그렇다는 것이다. 만약 이혼 후에도 갈등이 지속되는 경우라면 아이에게는 최악의 상황이 될 것이다. 왜냐하면 아이는 부모의 결별이라는 상황을 '삭여야' 할 뿐만 아니라, 자신을 이 세상에 있게 한 두 존재의 대립을 계속해서 겪어야 하기 때문이다.

하지만 분쟁은 좀처럼 끝나지 않는다. 얼마나 많은 부부들이 이혼 후에도 오랫동안 싸움을 계속하는지……. 얼마나 많은 부부들이 그들의 '전' 파트너에 대한 나쁜 험담들을 자식 앞에서 늘어놓는지……. 얼마나 많은 이들이 사소한 구실로(잊어버리고 놓고 간 티셔츠나 15분 정도 늦는 것 따위로) 상대에 대한 증오심을 드러내는지…….

우리는 다음을 강조하고 또 강조하고자 한다. 아이의 장래를 모조리 뒤바꿔 놓을 정도로 아이에게 심각한 영향을 미치는 것은 이혼이라는 사실 그 자체가 아니다. 담담하고 중립적인 관계가 못 된다면 적어도 폭력적이지 않은 관계라도 유지해야 하는데, 오히려 미움과 원한의 감정으로부터 벗어나지 못하고 적대감을 늦추지 않는 상태에 많은 이혼 부부들이 머물게 된다는 것이 더 큰 문제이다. 말을 하는 것은 실행하는 것보다 백 배는 쉽다. 어쨌든 부모의 이혼으로 돌이킬 수 없는 상처를 받은 아이들이 다시 자신을 회복시킬 수 있기 위해서는

'싸움의 끝'이라는 기본적인 조건이 꼭 필요하다.

□ 베르제 교수의 병례 1: 앙투안의 경우

앙투안은 6세 소년이다. 그의 어머니는 남편이 바람 피운 사실을 알게 되었고, 한 달 전쯤 그들은 이혼했다. 앙투안은 그 이후로 학교에서 공격적인 성향과 우울증세를 보였으며, 가끔씩 울음을 터뜨리기도 했다. 매일 저녁 앙투안은 어머니에게 더 이상 엄마, 아빠가 함께 있는 모습을 보지 못할 것이라는 게 너무나 슬프다고 말했다. 그는 더 이상 어머니의 말을 듣지 않는다.

내가 그를 처음 상담했을 때, 앙투안은 부모의 이혼이 '두 사람 모두의 잘못'이라 생각한다고 말했다. 그는 학급의 친구 중 부모가 이혼한 한 친구가 말하기를, "이혼한 후에 부모가 싸우지 않고 친구처럼 지낸다면" 이혼이 그렇게 심각한 사태는 아니라고 말했다고 했다. 하지만 앙투안에게 이혼은 심각한 것이었다. 그는 자신의 꿈속에서 어머니가 칼로 아버지를 찌르는 것을 보고 순간 놀라서 잠이 깬 적이 있음을 고백했다. 상담 도중 나는 앙투안이 부모들의 상처를 보면서 느끼는 고통과 돌이킬 수 없는 상황을 받아들이는 데 있어서 힘들어하는 모습을 감지할 수 있었다. 나는 그의 꿈에 대해서는 더 언급하지 않았다. 그 꿈은 그의 어머니가 분노하고 있으며, 속은 것에 대해 분하게 여김을 앙투안이 느꼈음을 뜻한다. 앙투안은 모르고 있는 사실이지만, 남편이 그들의 세번째 아이가 태어날 것을 기다리는 중에 아내를 배신했다는 사실이 아내에게는 더 큰 상처를 주었음이 분명하다.

그날의 상담 이후, 앙투안은 집과 학교에서 예전보다 다소 나아진 상태를 보였다. 그는 당시에 부모의 분쟁과는 무관하면서, 친절한 어른에게 자신의 감정을 털어놓는 것이 절실하게 필요했던 것이다. 그리고 시간은 그의 상처를 차차 치료해 줄 것이다.

하지만 그로부터 5개월 후, 앙투안은 또다시 상태가 나빠졌다. 그는 마치 아기처럼 말을 했고, 어머니가 다른 방으로 가기 위해 자리를 뜨는 것을 몹시 두려워했다. 앙투안이 혼자 내원했을 때 그린 일련의 비슷한 그림에서 나는 앙투안의 불안을 읽을 수 있었다. 그의 그림에서, 한 소년이 다른 집으로 가서 살기 위해 지금 살고 있는 집을 떠난다. 하지만 일순간 그는 또 다른 집쪽으로 몸을 돌리고, 다음번에도 마찬가지 상황이 벌어진다. 이런 여정을 그 소년은 끊임없이 반복하게 되는 것이다. 그림 속에서 그 소년이 유일하게 위로받는 일은 길 잃은 개 한 마리를 돌봐 주는 것이었다. 이 그림들로 미루어, 앙투안은 더 이상 안전함을 느낄 수 있는 장소를 갖고 있지 않다. 그는 더 이상 '원래 우리 집'이란 것을 갖고 있지 않으며, 이 집에서 저 집으로 헤매고 있다. 그것은 실제 상황에서 앙투안이 어머니의 아파트와 아버지의 집을 오가면서 어느곳에서도 심리적인 안정을 느끼지 못하고 있는 것과 일치한다. 이야기 속의 버려진 개를 돌보면서 앙투안은, 그가 돌보기 원하는 부모라는 존재를 상실한 자신을 느끼는 것이다.

2
나는 불행해요

　한 아이에게 있어서 이혼은 곧 괴로움이다. 단순히 예전의 생활을 포기해야 하기 때문만이 아니라, 아이는 자기 자신의 뿌리에 대해 의문 제기를 해야 하는 상황에 놓이기 때문이다. 아이들은 나름대로 제각각의 반응을 보인다. 어떤 아이들은 다행스럽게도 시간이 지남에 따라 예전 생활에 대한 그리움을 극복해 나가고, 또 어떤 아이들은 그 그리움을 거부나 혹은 이혼을 부정하는 것으로 드러내기도 한다.

　일반적으로 인간의 정신 세계에서 이혼을 받아들이는 것은 달까지 가는 로켓 한 대를 만들어 내는 것보다 더 어렵다. 아이에게 있어서, 자기 자신을 탄생시킨 두 존재의 헤어짐이라는 것은 더더군다나 받아들이기 힘겨운 일이다. 또 어떤 아이들은 끊임없이 부모를 재결합시키기 위한 노력을 멈추지 않는다. 이혼 후 몇 년이 지나, 각자 재혼하여 새로운 가족을 결성한 이후에도 그러한 노력은 계속된다. 아마도 그 아이들은 재결합에 대한 꿈을 영원히 포기하지 않을 것이다.

　그렇다면 아이에게 있어서 자기를 낳은 부모의 이혼이 그토록 힘겨운 이유는 무엇일까? 어찌되었건 부모가 여전히 살아 있고, 누군가가 죽었다거나 하는 상황도 아니며, 서로 관계도 계속 이어지고 있는데도 말이다! 그것은 이혼에는 다른 무언가가 분명 있기 때문인데, 그에 대한 답은 다음과 같다. 즉 아이가 부모라는 '대상,' 즉 '아빠+엄마'라는 방정식을 포기해야 하는 것이다. 그것은 아이에게 있어서 참을 수 없이 고통스러운 일이기 때문이다.

근본적인 이유

아이는 이제 부모가 함께 있는 것을 더 이상 못 보게 될 것이고, 저녁에 혹은 휴가 때 모두 함께 모이는 일도 없을 것이며, 일요일 아침에 침대로 가서 귀찮게 깨우는 일도 일어나지 않을 것이다. 이 모든 포기해야 하는 것들과 돌아가지 못하는 과거를 향해 있는 화살은 아이가 느끼는 슬픔을 충분히 설명하고도 남는다.

하지만 이혼 후의 생활을 받아들이기 힘들어하는 근본적인 이유는 아이가 자신의 뿌리에 대해 갖고 있는 이미지와 연관되어 있다. 사실상 아이는 부모의 절연을 통해서 자기 정체성의 한 부분을 빼앗긴다고 느낄 수 있기 때문이다. 사람은 누구나 아버지 혹은 어머니 어느 한쪽만의 자식이 아니라 두 사람의 결합에서 얻어진 열매이다. 우리가 결혼이라는 과정을 진행시킴에 있어 한순간 멈춰 서서 숙고해 봐야 할 중대한 이유가 바로 여기에 있다.

아이는 언제나 부모가 그 아이에게 투사하는 수많은 이미지의 종합이다. 어떤 면에서 부모들은 아이를 제2의 그들 자신과 유사한 존재로 여긴다. 그것은 아마도 아이 안에 부모 자신의 일부를 심기 위해서일 것이고, 이는 또한 어떤 형식으로든 영원히 사는 것을 믿는 한 방법이다. 프로이트는 인간에게 있어서 생식의 욕구를 억누르기 힘든 것으로 설명하였다. 달리 설명하자면, 아이는 자신에게 피와 살을 부여한 부모로부터 결코 떨어질 수 없으며, 마치 그들 세 존재는 하나와도 같다. 또한 아이는 자신이 부모 모두가 원해서 잉태된 생명, 즉 사랑의 열매로 자신이 태어났다는 확신을 필요로 한다.

태어나면서부터 끊임없이 부모의 심각한 갈등을 겪었고, 다른 집에서 길러지게 된 한 8세 된 아이는 전문가와의 면담중 이렇게 말했다. "어쨌든 두 분이 절 만드셨잖아요!" 그것은 아이가 한때나마 서로 사랑했던 부부로부터 자신이 태어났다는 것을 확신할 필요성을 느낌을 분명히 보여주고 있다. 부모가 서로 더 이상 사랑하지 않아서 가족이라는 일체감이 깨지는 것을 바라보는 것은, 자신의 근원에 대해 던져진 불신을 참아내는 것이며, 자신의 뿌리가 갖고 있던 이상화된 이미지에 치명적인 손상을 입히게 되는 것이다.

또 한 가지 지적해야 할 것은, 아이의 임신 기간 동안이나 태어났을 때에 아버지가 없는 경우라 할지라도 아이에게 스스로 아버지의 이미지를 만들어 나가게 하는 게 중요하다는 것이다. 이는 어머니가 사랑한 한 남자와 함께 아이를 만들었다는 것과, 아이가 잉태되었을 때 두 사람이 사랑하고 있었다는 사실을 말해 줌으로써, 또한 비록 그 남자가 그녀와 함께 아이를 키우기를 원치 않았거나 혹은 아버지가 될 준비가 되어 있지 않았음에도 불구하고, 그녀는 아이를 포기하고 싶지 않았다는 것을 설명해 줌으로써 가능하다. 자신의 탄생이 바라지 않은 것이었음을 알게 되는 것, 혹은 더한 경우에 부모가 더 이상 서로 사랑하지 않는다는 것을 알게 되는 것은 한 아이의 인생에서 너무나도 큰 짐인 것이다. 아이가 무엇을 생각할 수 있을까? 자신이 증오의 결실이란 것? 귀찮은 존재로서 태어났다는 것? 아니면 단순히 외로움이 싫어서, 혹은 상대방의 폭력에 못 이겨서, 혹은 경제적으로 종속되어 있기에 어쩔 수 없이 같이 사는 헤어지지 못하는 부부 사이에서 태어난 존재로?

게다가 아이는 태어난 이후로 줄곧 부부 두 사람의 결합된 행동의 영향하에 성장한다. 한 명의 아이가 태어나면 그 아이는 정신분석학자들이 '가족적인 자기애 계약'이라 부르는 곳에 자기 자리를 정한다. 부모는 아이에게서 자신들과 닮은 부분을 찾게 되고, 신체적으로 닮은 부위나 '비슷한,' 혹은 그들과 '닮은' 행동들이 나타나기를 조용히 지켜본다. 부모들은 집안에서 태어난 모든 아이들을 그들이 가진 신체적인 특징과 고유한 성격에 따라 관찰하되, 생소한 특징보다는 가족 누군가와 닮은 부분을 발견하기를 좋아한다. 이렇게 아이라는 존재는 부부 두 사람에 의해 전적으로 환영받고 받아들여질 뿐만 아니라, 아이에게 기쁨과 가치와 미래를 제시해 줄 일가족이라는 전체 안으로 포함되어지는 것이다. "오! 여기 좀 봐. 이 아이의 코는 당신 코랑 똑같아!" 혹은 "아니, 내 귀하고 똑같이 생겼네!"와 같은 말을 우리는 심심찮게 듣는다. 그들은 아이가 태어나자마자 그를 그 유명한 계약 속에 끼워 넣으려고 애쓴다. 닮은 부분이 없다는 것은 아이의 가장 내밀한 근원을 무너뜨리는 것과 마찬가지이다. 하지만 이혼할 경우 그 닮은 점은 어떻게 될 것인지 자문해 볼 수 있을 것이다. 아이의 얼굴에서 그 '몹쓸' 뿌리의 흔적을 어쩔 수 없이 읽게 된다면, 헤어진 상대의 신체적인 특징이나 성격을 아이에게서 보게 된다면 남은 한쪽의 부모는 기분이 나빠질까?

어쨌든 아이는 부모의 품 안에서 무조건적인 사랑을 알게 되고, 그러한 사랑은 아이가 자기 자신에 대해 긍정적인 이미지를 가지고 자존심을 가질 수 있게 해준다. 세상 모든 사람이 알고 있듯이, 부모님의 사랑보다 더 편파적인 것이 또 있으랴? 그들의 눈에 그들의 아기는 분명 가장 잘생기고, 가장 영리하며, 가장 특별한 아기일 것이다. 아이가 받는 무차별적인 애정과 찬미는 아이로 하여금 스스로를 사랑받기에 충분한 존재로 느끼도록 도와준다. 바로 이러한 무조건적인 사랑을 태어나서 충분히 받지 못한다면(다행히도 그 이후엔 제한과 금지로 야단을 맞으며 크겠지만), 어떤 인간도 조화로운 삶을 살아가지 못할 것이다. 또한 이것이 바로 아이가 이혼에서 잃게 되는 것이다. 즉 자신을 찬미하는 한 쌍을 잃는다는 말이다. 물론 이혼 후에도 각자의 위치에서 계속 애정을 쏟는 부모들도 있다. 하지만 이런 경우에도 아이는 자기애의 근원적인 요소를 포기해야만 한다.

향수, 향수

아이는 이혼이라는 이 수난에 어떤 식으로 반응할까? 사실 모든 경우가 다 가능하다. 하지만 보편적으로 대부분의 아이는 예전 생활을 아쉬워하는 향수의 시기를 거치게 된다. 이보다 더 당연하고 정상적인 것은 없다. 어떤 아이는 그것에 집착하기도 하고, 또 어떤 아이는 그 단계를 극복하기도 한다. 아이는 애매모호한 상황에 봉착한다. 한편으론 부모가 결코 다시 합치지 않을 것임을 알고 있고, 다른 한편으론 모든 것이 가능할지도 모른다는 꿈을 꾸면서 잃어버린 대상이 돌아오기를(부모의 재결합) 기다린다. 이러한 상태는 다소 위험성을 갖는데, 그 이유는 아이의 심리 상태가 이혼이 올바르게 성사되지 못하도록 방해할 우려가 있기 때문이다.

여기에서 헤어지는 일에 대해 조금 더 언급하고자 한다. 우리는 누군가가 어떠한 상실을 받아들여야 한다는 것을 이야기하기 위해 지나치게 쉽게 '가슴에 묻다'라는 표현을 사용한다. 이 경우 '묻는다는 것'은 부모가 함께 사는 것을 포기함도 의미한다. 하지만 이 표현은 정확하지가 않다. 묻는 작업은 사랑하는 사람이 죽었을 때나 쓰는 말이기 때문이다. 죽음으로 인한 이별인 경우 다소 긴 슬픔의 시간을 보낸 후, 주체는 가버린 사람을 잊어버리기는커녕 조금씩 더 자신의 삶 속에서 그 사람에 대한 새로운 애정을 집중하기 시작한다. 혹은 적어도 끊임없는 절망과 함께 병적인 슬픔 속에 머물러 있을 수도 있다. 하지만 이혼의 경우는 상황이 달라진다. 아이는 분명 부모라는 한 쌍을 잃었지만, 그들은 여전히 그의 아버지와 어머니로서 살아 있다. 여기에서 상실은 결코 되돌릴 수 없는 것이 아닌 것이다. 주체는 결코 실제로 일어나지 않을 것을 알면서도, 과거로 돌아갈 것을 기대하는 심리 속에 놓이게 된다. 많은 아이들의 경우 헤어짐의 작업, 즉 다시 말해서 이혼이 되돌려질 수 없다는 것을 인정하게 되는 것은 어른이 된 후에나 가능하다. 또한 그들 중 일부는 이혼 전의 상태로 돌아간다면 하는 가정적인 희망을 이야기하곤 한다.

모순적이게도 아이는 좋지 못한 기억들을 잊어버리는 것을 우리가 생각하는 것보다 훨씬 어려워한다. 인간의 정신은 '좋은 대상'을 나쁜 대상보다 훨씬 쉽게 잊어버린다는 말이다. '좋은 대상'은 그것이 사라졌다 하더라도, 우리에게 유익함을 준 것으로 남는다. 그것은 기분 좋은 경험을 하게 해주었고, 어떤 가치 있음을 느끼게 해주었으며, 좋은 추억들을 만들게 해주었다. 자기 자신 속에 그 대상의 좋은 점들을 본받는 것은 그 대상이 없을 때에도 마음을 편안하게 해주며, 안도감과 굳건함을 느끼게 해준다. 하지만 '나쁜 대상'을 우리 속에서 참아내기 위해서는 그것을 변형시키고, 이상적인 것으로 만들어야만 한다. 따라서 매우 심각한 부모간의 분쟁을 겪은 가정의 아이들은 아마도 예전의 부부였던 부모의 모습을 잊어버리고 포기하는 데에 더 많은 어려움을 느끼는 것이다.

거부의 힘(강력한 부인)

또한 매우 심각한 경우로, 아이가 현실에서 이혼을 부인하고 향수에 빠져 동요할 수도 있다. 아이는 부모가 다시금 같이 살게 될 것이라는 꿈과 몽상에 관해 말한다. 아이는 모든 현실과 주변 상황에도 불구하고 그것을 굳게 믿는다. 아이의 정신 세계는 두 가지가 공존하고 있는데, 그 두 세계는 각각 분리되어 있긴 하지만, 동시에 놓고 보면 매우 모순적이다. 하나는 현실에 기초한 세계이고(부모가 헤어진 상태), 또 하나는 이상향이다(부모가 곧 화해할 것이라는). 또한 우리는 그것을 분열이라고 부르기도 하는데, 아이의 정신이 서로 전혀 소통이 없는 두 개의 영토로 엄격히 분리되어 있음을 말한다.

그러한 위태로운 상상의 구축물을 나름대로 관리하기 위해서, 아이는 보다 창조적인 방향으로 다르게 사용할 수도 있을 엄청난 양의 에너지를 동원한다. 아이는 자신의 시간과 에너지를 부모가 헤어졌다는 사실과 대항하기 위해, 그리고 그들이 다시 함께 살게 만들기 위한 전략을 만들어 내는 데에 쏟아 붓는다. 그러한 일에 사로잡혀 있는 아이는 더 이상 다른 것을 배울 수도, 다른 즐거움을 위해 자신의 생각을 집중시킬 수도 없다. 놀지도 않으며, 다른 친구들과의 관계도 맺지 않는다. 아이는 문자 그대로 스스로 신경을 죽인 채 오직 한 가지 생각만을 되씹는 것이다.

그렇다면 만약 내 아이가 이혼의 거부로 동요하거나 향수 속에 빠져 있다면, 어떻게 그것을 납득할 수 있을 것인가? 하지만 아이가 자주 아버지가 돌아왔으면 좋겠다고 반복해서 말한다고 해서 꼭 그 아이가 이혼을 부인하는 것은 아니다. 아이가 자주 슬픔에 빠져 있다거나 운다고 해서 꼭 그런 것도 아니다. 병적이라는 것을 확실히 진단하기 위해서는 부인 증상이 꽤 오랫동안 지속되어야만 한다. 따라서 부인 증상은 기간의 개념이라고 할 수 있다. 아이는 이혼과 같은 정신적인 충격을 단 며칠 만에, 아니 단 몇 주 만에 견뎌낼 수는 없다. 일정한 평정을 되찾기 위해서는 적어도 1년 정도의 기간을 필요로 한다.

부모에게 일종의 경고용 신호등이 되는 것이 있다면, 그것은 아이가 잘 놀지 못하는 것이다. 아이가 놀이를 할 수 있다면, 그 아이는 곧 괜찮아질 것이다. 하지만 단순히 놀이를 하는 것만 보고 안심해서는 안 된다. 이것이 특히나 주의해야 할 점이다. 아이의 놀이는 사실상 창의적이고 상상력이 풍부해야 한다. 만약 아이가 하루 종일 같은 놀이만 하면서 시간을 보낸다면, 예를 들어 인형놀이가 서로 헤어졌다가 다시 화해하는 장면으로 주로 이루어져 있거나, 혹은 아빠와 엄마를 위한 블록 집을 만드는 것으로만 시간을 보낸다면 그 아이는 반복 강박증세를 보이고 있는 것이다. 이는 위험한 상태이며, 전문가를 찾아 조언을 구해야 한다. 사실 이러한 상태는 의사로서도 가장 다루기 힘든 케이스라는 것을 미리 말해두고 싶다. 그런 증세의 아이들은 그들

앞에서 누군가가 '이혼'이나 '별거'라는 말을 입밖에 내는 것조차 싫어한다. 그런 아이들은 사람들이 자신에게 다른 걱정거리들을 상기시키는 것을 겨우 참기 힘들어한다. 만약 우리가 그 아이들에게 그림이나 역할놀이 같은 자유 활동을 하게 해보면, 아이들이 자신의 내적인 고통을 표현하거나 드러내는 능력이 부족함을 알게 될 것이다.

부인 속으로 피신해 버린 아이를 염려하는 것은 꼭 필요한 일이다. 이러한 작용은 마치 시한폭탄과도 같은데, 왜냐하면 그것은 어떤 사건으로 인해 자신 속에 갇혀 있는 아이의 환상에 종지부를 찍을 날이 언젠가 올 것이기 때문이다. 부모의 재혼이나 재혼 후 새 가정에서 동생이 태어난다거나 하는 사건 말이다. 그렇게 되면 아이의 고통은 말 그대로 폭발해 버릴 것이고, 이혼이라는 정신적 상처 이후에 어떠한 노력도 수포로 돌아가 버리게 된다. 성숙된 것도, 소화된 것도, 아무것도 없는 것이다. 따라서 타격은 더욱 심각하게 된다.

부연

여기까지 오게 된 모든 부모들은 다음과 같이 질문한다. "우리 아이들의 고통을 줄여 주려면 어떻게 해야 하나요?" "이혼할 수밖에 없는 이유를 아이들에게 설명해 주는 것이 도움이 될까요?" 사람들은 오래 전부터 고통을 말끔히 지워 줄 만한 강력한 치유력을 가진 말이 있을 것이라 믿어왔다. 하지만 그것은 착각이다! 아이에게 모든 것을 다 말해 주는 것은 아이의 고통의 강도를 줄여 주는 작용을 해주지는 않는다. 환상에 기대를 걸게 하는 것 또한 소용없는 짓이다.

하지만 설명이 필요하긴 하다. 최소한 설명은 독단을 줄여 준다는 장점이 있다. 또한 궁금증과 불안감에 대답할 수 있다. 즉 학교를 옮기게 될 것인지, 이사를 갈 것인지, 아빠를 혹은 엄마를 언제 어디서 볼 수 있을 것인지 등에 대한 설명 말이다. 아이들이 고통에 민감할수록 말로 해주는 설명은 오해를 풀어 주는 좋은 수단이다. 말로 해주는 설명이 아이가 상황을 더욱 잘 받아들이도록 도와주지는 못한다 할지라도 최소한 아이 자신이 존중되고, 고려되어지는 존재임을 느끼게 해준다. 이는 매우 중요하다.

그렇다면 아이에게 이혼의 이유에 대해 세세한 부분까지 설명해야 할까? 아이가 이해하고, 생각할 수 있게 해주는 말을 하지 않을 이유는 없다고 본다. "우리는 더 이상 서로를 사랑하지 않기 때문에, 더 이상 싸우지 않고는 같이 살 수가 없기 때문에 헤어지는 거란다" "내가 다른 사람을 사랑하게 되어서 헤어지는 거란다" 등등. 중요한 것은 아이를 설득하려고 애쓰지 말라는 것이다. 특히 겉치레 말로 얼버무리려 해서는 안 된다. "내가 떠나는 것이 너에게 더 좋을 것 같아서 그런단다"라는 말은 어떤 경우에도 아이에게 있어서는 받아들여질 수 없는 말임을 명심해야 할 것이다.

□ 베르제 교수의 병례 2: 샤를의 경우

샤를은 부모님이 헤어질 때 만 13개월이었다. 알 수 없는 이유로 샤를은 부모의 이혼에 대하여 특이하게 강한 부정 증세를 보였고, 부모 상호 협조로 가족간의 면담과 아동 개인 면담을 수차례 거쳤음에도 불구하고 증세가 완화되지 않았다. 15개월의 치료 기간이 지난 뒤에도 샤를은 별다른 호전을 보이지 않았다.

샤를의 부모는 각각 재혼했다. 아버지가 재혼해서 딸을 낳게 되었을 때, 만 5세가 된 샤를은 물었다. "왜 동생은 아빠하고 엄마가 다 있는데, 나는 그렇지 않나요?" 그러면서 샤를은 아버지에게 다음과 같은 조치를 취해 줄 것을 제안했다. 즉 샤를은 아버지 L씨에게 어머니가 살고 있는 아파트의 바로 아래층이 비어 있으니, 그곳으로 이사를 가는 것이 좋겠다는 것이었다. 그러면 어머니가 일하러 갔을 때나, 장을 보러 가는 동안 아버지가 자신을 돌봐 줄 수 있을 것이라고 말했다. 아들의 의중을 파악한 L씨는 다음과 같이 말해 주었다. "얘야, 네가 지금 상황을 이해하고 있는지 어떤지 잘 모르겠다만, 나는 재혼을 했단다. 그리고 이번 결혼에서 네 여동생이 태어난 거란다. 너의 어머니도 마찬가지로 재혼을 했고, 두번째 남편과의 사이에서 아이가 태어났단다." 이 말에 샤를은 아버지와 어머니의 재결합은 곧바로 실행되어질 수 없다는 것을 알고 있다고 차분하게 대답하였다. 지금 살고 있는 배우자와 일단 이혼을 한 뒤, 일정 기간을 기다려야 하며(여성이 이혼 후에 재혼하기 전까지 전 남편의 아이를 임신하고 있지 않다는 것을 확실히 하기 위해 9개월을 기다려야만 했던 예전의 재혼 유예 기간을 직감적으로 알고 있었던 것일까?) 그런 후에 아버지와 어머니가 다시 함께 살아야 한다고 아이는 말했다. 샤를은 모든 것을 정확하게 염두에 두고 있었던 것이다.

샤를이 어머니의 집에 가 있는 동안 그는 어머니가 이혼 이후의 상황에 대해 이야기를 꺼낼 때마다 귀를 틀어 막았으며, 그 주제에 관한 어떠한 전문가의 조언조차도 들으려 하지 않았다. 샤를은 온갖 방법으로 내가 그의 어머니와 대화하는 것을 방해하려고 애썼고, 대화를 다른 방향으로 돌리려 하였다. 이혼을 상기시키는 모든 자극에 대해 샤를의 참기 힘든 반응은 엄청난 불안증세의 형태로 드러났는데, 그것은 특별히 내 진료실에서만 보이는 증세였고, 이를 목격한 L씨는 매우 충격을 받았다. 왜냐하면 그는 다른 어느곳에서도 샤를이 그렇게 행동하는 것을 보지 못했기 때문이다. 샤를은 나와 있을 때 단순한 그림 한 장도 그리지 못했으며, 대화를 계속해 나갈 수도 없었다. 그는 끊임없이 몸을 움직이고, 심하게 근육을 움찔거리는 행동을 계속하였다. 샤를이 유일하게 잘하는 활동은 백지 위에다 완벽하게 좌우대칭의 점들을 위로 쌓아 올리듯이 찍어 놓고, 그런 다음 양쪽의 점들을 서로 연결시키는 것이었다. 이것은 틀림없이 그의 부모가 서로 결합하는 것을 바라는 샤를의 마음이 연속적으로 표현된 것이었다.

여름 휴가에서 돌아온 후 샤를은 다시 한번 어머니와 보낸 시간과 아버지와 보낸 시간을 비교하여 말했고, 한쪽 집에서 지내는 동안 다른 집에서 보낸 좋았던 시간들에 대해 괜한 비방을 늘어놓았다. 그의 아버지와 새어머니는 그런 식의 쉴 새 없는 비교에 이젠 정말 진절머리가 난다고 아이에게 직접적으로 말해 버리고 말았다. 이 아이가 두 집의 차이를 좋은 점으로 받아들이지 못하고, 호기심 어린 기쁨으로 그것을 받아들이지 못하게 된 이유에 대해서 이미 우리는 주지하고 있다. 아이에게 두 집의 다른 점은 오직 이혼을 상기시켜 주는 참기 어려운 점으로만 느껴질 뿐이기 때문이다.

L씨와 L씨의 전 부인은 샤를이 겪는 문제점에 대해 매우 염려하였고, 그래서 나의 참석하에 두 사람이 샤를 앞에서 만남을 갖기를 제안하였다. 두 사람은 이혼할 당시에 두 사람 모두가 '아이처럼 유치하게 행동하였음'을 인정하였고, 아이를 마치 내기에 건 내깃돈처럼 취급하였다

는 것을 알게 되었다. 아이의 정신 세계에 강한 간섭을 하면서 말이다. 이러한 다소 충격적인 면담 이후에도 샤를은 부모가 이혼한 것을 자신의 잘못이라고 말했고, 아마도 조금 더 시간이 지난 후에는 아예 병원에 오는 것 자체를 거부하게 될지도 모른다.

3

내 잘못이에요

부모의 이혼에 직면하여 아이가 자신의 탓이라 여기는 경우가 간혹 있다. 사실 아이가 고의로 그러는 것은 아니다. 아이의 무의식이 그 사건에 대해 자신에게 스스로 책임을 지우려 하는 것이고, 이는 아이가 명확한 이유를 알 수 없는 모든 다른 문제에 대해서도 마찬가지이다. 하지만 무의식을 떠나서 아이는 종종 사실 그 자체만을 확인할 수 있을 뿐이다. 지금까지 그늘 속에 가려져 있던 부모의 이혼 사유를 밝은 곳으로 끌어내어 드러낸 것은 바로 아이 자신의 출생이라는 것이다……

"내가 그런 것 아니에요, 내가 안했다고요!" 어린 아이들은 보통 어떤 실수를 했을 경우 모든 책임에서 벗어나기 위해 신속하게 행동하기 마련이다. 하지만 자기에게 직접적인 영향을 미치는 심각한 어떤 사건, 예를 들면 부모의 이혼과 같은 상황에 접하게 되면 완전히 다른 식으로 나가게 된다. 그러한 상황에서 아이는 종종 반대로 자신의 죄책감과 부모의 헤어짐에 대한 책임감을 느끼게 된다. 무엇이 아이가 그런 유의 생각을 하게 만드는 걸까? 많은 부모들은 이혼을 알려야 하는 상황에서 아이에게 특히나 많은 주의를 기울이고, 아이에게 그의 잘못은 조금도 없다는 것을 설명해 주려고 애쓴다. 그런데 왜 아이는 그 말들을 믿지 않는 것일까?

여기에서 다시 한번 우리는 정신 기능의 법칙과 맞닥뜨리게 된다. 즉 아이는 어떤 일이 발생했을 때 자신의 운명에 대해 어떠한 제어 능력도 갖지 못했다는 것을 느끼기보다는, 그래서 몹시 불행한 무기력 상태에 빠지기보다는 차라리 자기 자신이 그 문제 상황의 원인이라고 생각하게 되는 경향이 있다는 것이다. 백혈병에 걸린 아이들에 관한 연구에서 보면, 이러한 연관성을 거의 모든 경우에서 찾아볼 수 있다. 백혈병 환자인 어린이에게 병에 걸린 이유에 대해 어떤 생각을 갖고 있느냐고 물어보면, 아이들은 자신이 못된 행동을 했거나 혹은 부모님 말씀을 잘 안 들어서, 또는 나쁜 생각을 많이 해서 병에 걸린 거라는 대답을 했다. 그래서 벌을 받고 있는 것이라고 말이다.

자신의 잘못이라고 주장하면서 아이는 시치미를 뚝 떼고 나름대로 출구를 마련하고자 애쓴다. 자신이 이 파국의 원인이므로, 모든 것을 바로잡을 사람은 아마도 바로 자신이라는 것이다. '말썽쟁이' 짓을 하여 파국을 불러일으켰다면, 말 잘 듣는 아이가 되어 그 상황을 종료시킬 수도 있을 것이다. 부모의 이혼 시에 아이가 느끼는 죄책감은 분명 위험한 것이다. 죄책감 그 자체가 아이에겐 감당하기 힘든 것일 뿐만 아니라(특히 아이가 부모의 괴로움을 직접 옆에서 본 경우에는 더욱더 그러하다), 실제로 가지지 않은 환상에 불과한 부모를 화해시키는 능력을 아이 자신이 가지고 있다고 착각하게 만들기 때문이다.

불행하게도 이러한 죄책감의 무의식적인 기계 작용은 기능하지 못하게 만들기가 매우 힘들다. 그 증거로, 그러한 작용은 성인의 나이가 된 후에도 계속된다. 조용히 인도를 걷다가 별안간 미치광이처럼 날뛰는 차에 재수없게 치어 버린 보행자는 그 상황에 대해 도무지 이해할 수 없어 하고, 그것을 순전히 우연으로 결론짓기 어려워한다. 점점 그의 무의식은 그에게 분명 무슨 이유가 있었을 것이라 속삭일 것이고, 사고가 난 바로 그 시점에 그곳에 가지 말았어야 한다고 속삭일 것이다. 마치 마법과도 같은 이런 종류의 사고방식은 결코 우리를 내버려 두지 않으며, 하물며 아이에게 미칠 영향에 대해서는 더 이상 말할 나위도 없다.

아이가 태어나면 부부 둘만의 관계는 무너진다

또한 아이가 이혼에 대해 직접적인 책임감을 느끼게 되는 경우도 종종 있는데, 그것은 아이가 실제로 이혼의 간접적인 원인이 되었기 때문인 경우다. 얼마나 많은 부부들이 단순히 부부라는 위치에서 부모라는 위치로의 이행을 할줄 몰라서, 아이의 출생과 함께 갈라서게 되는지 모를 것이다. 이런 경우는 결코 드문 사례가 아니다. 상당수의 이혼이 아이가 아주 어린 나이에 일어나는 경우가 많다. 하지만 아이는 매우 어린 유아임에도 불구하고 부모의 결별에 있어서 자신이 작용한 비중에 대해 생생하게 느끼고, 내면화시키는 능력을 가지고 있다. 자신이 태어나기 전에 부모는 서로 잘 지냈다. 자신의 등장에 의해 부모의 관계가 갈라지고, 파탄에 이르게 된 것으로 아이는 느끼게 된다.

아이를 갖는다는 것, 그것은 어찌 보면 미친 짓이고 열정의 산물이다. 또한 그것은 아이를 갖는다는 것이 부부에게 미칠 실질적인 결과에 대해서는 잘 계산해 보지도 않고 뛰어들게 되는 매우 위험한 일종의 도박이다. 아기라는 존재는 흔히 결속력으로 뭉친 한 가정의 중요한 기초 요소, 마치 시멘트와 같은 존재로 여겨진다. 하지만 만약 그

것이 그리 단순하지도, 그리 명쾌하지도 않다면? 또한 만약에 결속력이 약한 부부에게 아기가 그 결속력을 더욱 약화시키는 위험 부담을 주게 된다면? 일단 살과 뼈로 이루어진 진짜 사람인 아기가 생기면 어떤 엄마, 어떤 아빠가 되리라고 과연 누가 장담해 줄 수 있단 말인가? 상상 속에서 아기가 누워 있는 요람 곁에 서 있는 행복하고 일체화된 완벽한 부부가 되는 것은 매우 쉬운 일이다. 하지만 실제로 아이가 태어나면, 그런 막연한 영상은 일순 사라지고, 함께하는 부부의 다정한 모습 역시 완전히 사라져 버린다.

아기는 마치 폭로자처럼 작용할 것이다. 그렇기 때문에 어떤 남편들은 자신의 아내가 어머니가 되는 것을 그냥 보고 있지 못한다. 이것은 우리가 생각하는 것보다 훨씬 많은 경우에 흔히 일어나고 있다. 어머니 역할에 대한 이러한 거부의 이면에는 약속에 대한 거부, 가능한 것과 자유로운 것으로만 이루어졌던 청춘 시절이 연장되었으면 하는 욕망이 숨어 있다. 하지만 그런 유의 남편들에게 있어서 아기의 탄생은 그들을 어린 시절로 되돌려 놓는 역할을 하는 것은 분명하다. 즉 아마도 어머니와 뭔가 해결하지 못했던 문제로, 혹은 그와 비슷하게 그리 유쾌하지 못한 관계로 그를 되돌려 놓기 때문이다.

아기가 태어난 후, 남편은 잊고 있던 자신의 어린 시절의 감정을 다시 느끼게 된다. 하지만 그렇다고 그가 다시 아이가 되는 것이라고 말할 수는 없다. 결과적으로 아이에게 젖을 주는 아내를 바라보면서, 혹은 이제 '어머니'가 되어 버린 아내와 새로이 성관계를 가지려 노력하면서, 이 모든 것들이 그에게는 참을 수 없는 것이 되어 버리는 것이다. 또한 이는 부부 관계를 아무것도 아닌 것으로 전락시킬 수 있을 만큼 강력한 영향력을 갖고 있다.

물론 아이가 이러한 인식의 시발점이자 구현체이긴 하지만, 이 모든 문제가 아이의 잘못은 아니다. 하지만 아이는 부모의 이혼에 대해 완전히 무관하게 느낄 수도 없는 것이 사실이기도 하다. "우리 아빠는 더 이상 엄마와 같이 살기 싫대요. 왜냐하면 내가 엄마 배를 못 쓰게 만들어 놓았거든요……." 어떤 아이는 이렇게 말했다. 부모들로부터 무슨 말을 듣긴 했는데, 뭔가 잘못 알아들었음이 분명한 것 같다. 어쨌든 아이는 아빠에 의해 엄마가 거부되었다는 사실은 완전히 이해하였다.

아기의 탄생은 부부간의 다른 모든 오해들을 일시에 드러나게 만든다. 상대방이 각자 꿈꾸어 오던 이상적인 부모가 아님을 알게 되고, 아이의 탄생과 함께 서로 평소에 알지 못했던 자신의 숨겨진 면모를 드러내게 된다. 그러한 면모는 상대방조차도 이전에는 알지 못했던 점이기도 할 것이다. 그런 어머니는 자기 아이와 결코 '떨어지지' 못한다. 아버지에게는 그의 자리를 거부하고, 코르네유 희곡의 인물 유형과 비슷한 선택의 입장에 그를 놓이게 하면서 말이다. 즉 가정 내에서 아버지의 역할을 포기하고, 부부라는 관계도 상실하며, 어머니에게서 멀리 떨어진 채 혼자 아버지의 역할을 담당하게 된다. 이것은 이혼이 발생하는 또 하나의 상황이며, 거기에서 아이라는 존재의 영향력은 지대하다. 만약 아이가 이 부부에게 생겨나지 않았다면, 남편은 아내에 대해 그토록 극단적인 태도를 보이게 되지는 않았을 것이다. 또한 그 부부는 아직도 부부 생활을 잘 이어나가고 있을지도 모른다.

악화되는 사태

마지막으로, 아이들이 있는 상태에서 이루어지는 부부 싸움은 대부분의 경우 훈계적인 차원의 분쟁임을 지적해야 하겠다. 일반적으로 부부간에 성적인 갈등이나 돈문제, 혹은 다른 내밀한 문제가 있다면 그에 관한 분쟁이나 논의는 아이 모르게 진행된다. 아니 적어도 그렇게 되길 바란다. 하지만 "당신은 애들 응석을 너무 받아 주는 것 아니야?" "당신은 가장으로서의 권위가 없어!" "당신은 너무 무신경해!"와 같은 말들을 계속 듣다 보면 아이들은 부모가 자신들 때문에 항상 싸운다는 매우 거북스러운 느낌을 자연스레 가지게 된다.

여기에서 유명한 오이디푸스 콤플렉스 문제를 다뤄 봐야 할 것 같다. 어떤 이론들은 이혼이 아이가 오이디푸스 콤플렉스를 겪는 시기(보통 만 3세에서 만 6세 사이)에 발생할 경우, 아이가 갖게 되는 죄책감은 보다 더 강력하다고 말하고 있다. 이 시기에 아이는 내면적으로 강한 욕망에 휩싸이게 되는데, 즉 아이는 자기와 다른 성의 부모에게 강하게 끌려서 동성의 부모를 경쟁자로 느끼고, 동성 부모의 사라짐을 자발적으로 꿈꾸게 된다는 말이다. "아빠가 죽으면, 내가 엄마랑 결혼할 거야"라는 말은 어린 남아들이 종종 엄마에게 하는 말이다. 따라서 이혼은 이러한 아이들의 가장 이루고 싶던 소원을 실현시켜 주는 계기를 제공한다. 자신의 올바른 자리를 찾아 주기 위해 부모가 헤어지는 격이 된다. 아이가 자신의 환상이 이루어졌다고 믿기 때문에, 더욱더 아이의 죄책감은 커지게 된다는 말이다.

매우 오랫동안 우리는 이처럼 생각을 해왔다. 하지만 이제 우리는 그러한 해석이 지나치게 단순화된 설명이라 여기기 시작했다. 분명 일부의 경우에 아이가 자신의 기회를 낚아챌 수도 있다. 어린 여아가 이혼한 아버지의 집에서 완벽하게 안주인 역할을 해내려 한다면 말이다. 하지만 그 역시 죄책감을 불러일으키기는 마찬가지이다. 우리의 연구는 한 가지 확실한 점을 발견하게 되었는데, 그것은 다음과 같다. 만약 어떤 아이가 부모의 이혼에 대해서 지속적이고 매우 심각한 방식으로 고통을 느낀다면, 그것은 결코 단순하게 오이디푸스 콤플렉스에 기인한 죄책감 때문이 아니라는 것이다. 또한 오이디푸스 콤플렉스에 기인한 경쟁심에 대한 정신병리학적 연구 결과는 별로 도움이 될 만하지 못하다는 것도 알게 되었다. 아이의 고통을 설명하기 위해서는 훨씬 더 복잡한 다른 요인들이 필요하다. 우리는 이러한 현실을 고려하지 않을 수 없었다. 비록 그것이 우리의 이론에 반하는 것일지라도 말이다.

아이에게 너 때문이 아니라고 말해 주기

이런 맥락에서, 아이에게 이혼이 아이의 잘못이 아님을 반복해서 말해 주는 것이 필요할까? 비록 우리가 이미 살펴본 바와 같이 그런 예방책이 아이의 죄책감이 생기는 과정을 완전히 무장해제할 수는 없지만 말이다. 또한 그러한 노력이 조화로운 부모 역할이 불가능한 부부에게 내적인 변화를 일으키지는 못한다 하더라도(이혼의 이유에는 다른 많은 것들이 있으므로), 어쨌든 아이에게 자신의 책임이 없음을 명확하게 알려 주고, 이혼에 직면해서는 자주 아이에게 반복해서 이혼은 단지 어른들간의 문제일 뿐임을 주지시켜 주는 것은 매우 중요한 일이다.

□ 베르제 교수의 병례 3: 낭비하는 아기

다음의 예는 아기의 탄생이 어떤 방식으로 한 아버지와 그의 결혼 생활을 불안정하게 만드는지를 보여준다.

출산 바로 다음 날, 아버지가 아기의 엉덩이를 매우 세게 때리고 있다. 이유는 아기가 엄마 젖을 빨아먹지 않는다는 것이다. 그것은 매우 충격적이었고, 부부 사이에 중대한 갈등을 야기할 정도로 심각하였다. 면담 시, 그 아버지는 아기가 자신에게 주어진 유익한 모유를 거부하여 불필요한 낭비를 하게 만드는 것을 참을 수가 없다고 말했다. 그는 최초의 젖먹이기에서 흔히 일어날 수 있는 어려움을 이처럼 자기 방식대로 규정해 버렸다. 자기 자신의 이야기에 대한 질문에 대해 이 신사는, 자신의 아버지가 매우 엄격한(전제적이라고까지 말함직한) 성격을 가진 사람이라고 밝혔고, 어린 시절 자식들에게 식사가 끝난 후 식탁 위에 흘린 작은 빵부스러기까지 다 먹지 않으면 신체적인 처벌을 받게 했음을 말해 주었다. 그것이 낭비라는 이유로 말이다. 그 이후로 이 남자는 다음과 같은 딜레마에 봉착하였다. 즉 아버지의 교육적인 가치에 집착하여 자기 아이에게 폭력성을 보이고, 이혼의 위험에 처하거나, 아니면 '교육적인 가치의 죽음'을 택하여 생애 최초로 자신의 아버지를 비판하고, 자신을 잘못 키웠다고 생각하는 것, 이 둘 중 한 가지를 선택해야만 했다. 만약 이 남자가 자기 아이가 나름대로의 어린 시절을 소유하고, 가장 중요한 것은 그 아이가 자신의 삶과 다른 사람과의 관계 속에서 느끼게 될 기쁨이라는 것을 생각한다면, 그는 자기 자신의 어린 시절이 아버지에 의해 낭비되고, 희생되었음을 알고 어느 정도 괴로움을 느끼게 될 것이다. 우리는 이 사례를 통해서 아무리 결혼 상대자에 대해 잘 알고 있다고 생각한다 할지라도, 그 혹은 그녀가 어떤 부모가 될 것인지는 알 수 없는 일임을 깨닫게 되었다. 그것을 알려 주는 것이 바로 아이의 출생이다.

4
나는 두려워요

　부모의 이혼 후에 어떤 아이들은 겁쟁이가 되고, 세상 모든 일을 걱정하는 소심증 환자가 되기도 한다. 마치 태어날 때부터 두려움 속에서 죽 살아왔던 것처럼 말이다. 이혼이 아이가 지내오던 환경을 무너뜨린 것이 사실이다. 이혼은 그가 속해 있던 가족이라는 집단을 일시에 사라지게 만들었다. 가족은 아이에게 기본적인 안전을 아낌없이 제공했었지만, 이제 아이는 그것을 상실했다.

　"난 안 잘 거야. 괴물이 나올 것만 같아" "엄마가 죽을까 봐 겁이 나요." 모든 아이들은 내밀한 두려움을 겪는 시기를 거친다. 종종 아이들은 혼자 두려움을 느끼는 것을 즐기기도 하고, 특히 끔찍한 존재가 등장하는 이야기나 책을 스스로 즐기기도 한다. 어떤 특정한 연령대에 두려움을 느끼거나, 죽음에 대해 의문을 갖는 것은 아동의 정상적인 심리 발달에 있어서 빠질 수 없는 한 부분이다.

뒤죽박죽이 된 일상

　그렇다면 이혼한 부모의 아이들은 두려움에 더 많이 노출되는 것일까? 이런 의문이 생기게 된다. 생활 조건이 완전히 뒤바뀌는 게 걱정스러운 분위기를 만드는 것은 지당하다. 어떤 아이들은 어머니가 지금까지 살던 주거지를 더 이상 유지할 수가 없어서 이사를 해야만 하는 상황에 처한다. 그들은 새로운 주거 환경에 적응해야만 하고, 또한 2주에 한 번씩, 혹은 휴가 기간 동안에만 잠깐 머무는 아버지의 새로운 집에도 적응해야만 한다.

여러 해 전부터 아이들이 살았던 방을 떠나는 것, 여러 가지 추억이 있는, 그들의 온갖 물건들과 장난감이 있던 곳, 그들의 진정한 은신처였던 그곳이 이제 더 이상 안정감을 주지 못하게 되어 버린 것이다. 이사를 가는 것은 아이에게 있어서는 근본적인 자신의 지표를 잃어버리는 것과 같다. 최소한 처음에는 아무 사연도, 아무 의미도 없는 텅 빈 새로운 장소에 직면하는 것, 이제부터 살아가야 할 새로운 방에 서 있는 것은 마치 꽉 채워 넣어야 할 백지 앞에 서 있는 것처럼 아이를 불안하게 만드는 것은 당연하다.

처음 살던 곳과의 단절에 뒤이어 학교를 바꾸는 것은 친한 친구들과의 이별 또한 감당해야 함을 의미한다. 또 하나의 중요한 지주가 무너지는 것이다……. 아이 봐주기의 문제도 또한 제기되는데, 부부 두 사람이 자신의 직장 시간을 조정하면서 교대로 아이를 돌봤던 경우라면, 이제 한 사람을 대신 해줄 상대가 더 이상 없어지게 된 것이다. 그 결과 베이비 시터가 그 역할을 대신하게 되고, 언제나 마지막 순간에 그 조정은 이루어지기 마련이다. 안전함을 느낄 수 있는 소소한 일상적인 습관들을 필요로 하는 아이에게 있어서 이보다 더 불안하게 만드는 일이 또 있을까?

마지막으로 재정적인 문제에 대한 걱정을 들 수 있다. 왜냐하면 이혼은 흔히 생활 수준의 격감을 야기하기 때문이다. 아버지나 어머니가 끝없이 계산기를 두드리고, 월말 정산을 힘들어하는 모습을 보는 것은 아이에게 불안감을 줄 수밖에 없다. 잃어버리는 것——이전에는 일상적으로 했던 일인데, 이젠 더 이상 그 비용을 지불할 수 없기 때문에 더 이상할 수 없는 것들——들은 확실히 아이에게 있어서는 힘들고 불안감을 주는 일이다.

하지만 모든 것은 아이에게 그 상황을 설명해 주는 방식에 달려 있다. 아이에게 "이제 우리가 더 이상 할 수 없는 일들이 있어. 하지만 그건 그렇게 큰일은 아니란다. 그것을 하지 않고도 잘살 수 있거든. 조금 더 주의를 기울여야 할 뿐이고, 우리는 아마 잘 헤쳐 나갈 수 있을 거야"라고 말하는 것과, "우리가 더 이상 아무것도 가지지 못하는 것은 다 네 아버지(혹은 네 어머니) 때문이야!"라고 말하면서 아이에게 상처를 주는 것은 천양지차이다. 후자처럼 말하는 것은 아이에게 상대 부모에 대한 옳고 그름을 판단하도록 강요하는 것이고, 동시에 원망하게 만드는 것이다.

간과하지 말아야 할 것은, 부모 자신이 갖고 있는 돈문제에 대한 유감이나 괴로움을 아이들에게 전달하지 않도록 노력하는 일이다. 아이는 부모에게서 듣게 되는 아무리 작은 걱정이라도 부풀려서 생각하는 경향이 있다. 아이는 "이제 한 푼도 없네"라는 표현을 글자 그대로 받아들인다. 아이는 텅 빈 금고와 지불되지 않은 집세를 떠올릴 것이다. 이러한 파국에 가까운 시나리오가 아이에게 일어나지 않도록 애쓰지 않는 이상, 아이에게 평온한 분위기를 만들어 주기란 힘이 든다. 돈문제는 어른들의 문제이다. 그 문제가 아무리 크다 하더라도 아이가 그것을 해결할 수는 없다. 따라서 아이를 돈문제에 자신도 모르게 연루시키는 것은 아무 소용도 없으며, 불필요한 짓임을 알아야 한다.

누가 우리를 보호해 줄 것인가?

일상 생활의 전복이 이혼한 부모의 아이들이 갖게 되는 두려움을 일부분 설명해 주기는 하지만 충분치는 않다. 그러한 불안감의 기원은 아마도 부부간의 충돌에 더 있을 것이다. 아이는 부모를 결합하고 있는 끈이 끊어지는 것을 직접 경험하였다. 어른들의 문제가 그들 삶의 한 시기에 갑작스럽게 침입해 들어왔고, 그 시기란 아이들에게는 마땅히 아무 걱정 없이 태평하게 보내야만 하는 시기라는 것이다. 지나치게 어린 시기에 '어른들' 의 문제에 직면하게 되는 것은 당연히 아이를 걱정하게 만드는 일이다.

여담이지만(핵심적인 이야기는 아니지만), 이혼이 임신중에 혹은 아이가 몇 개월밖에 되지 않았을 때 일어난다면 아이들에게 불러일으키는 불안감은 훨씬 적은 것처럼 보인다. 아이에게 안전하지 못하다는 느낌을 주는 것은 아이가 직접 부부의 결별을 목격하게 하는 것이다.

아이의 머릿속에서 사이좋은 부부의 모습은 아마도 '종합보험' 이나 '종신보험' 처럼 생각된다. 그것은 일종의 보호벽이고, 불행과 특히나 죽음에 대한 대비책인 것이다. 이것이 갑자기 해체되면, 아이는 불안정하고 깨지기 쉬운 상태의 환경에 일순간 처해지는 자신을 느끼게 된다. 부모 중 한 명이 죽는 것 또한 특히 격심한 정도의 불안감을 준다.

이혼은 지금까지의 조직이 파괴되는 순간이다. 모든 집단에서처럼 부부라는 한 쌍에 있어서도, 각각의 멤버는 '안전을 위한 경계' 라는 기능을 '일정 체계하에' 수행한다. 이것은 로프에 한 줄로 매달린 등산 대원들이 어떤 위험이 닥칠 때, "눈더미를 조심하라!"는 식으로 소리를 질러서 다른 대원들에게 주의를 주는 것과도 비슷하다. 위험한 상황에서 다른 사람들의 안전을 위해 큰 목소리로 경계 경보를 주는 임무를 누군가가 맡아야 하는 것은 당연한 일이다. 하지만 그 임무를 언제나 같은 사람이 맡아야 하는 것은 아니고, 그러한 '경고' 역할은 번갈아 가면서 맡을 수도 있다.

부부의 경우에도 마찬가지이다. 부부 중 한쪽이 다른 한쪽을 보호해 주고, 그 역할은 바뀌기도 한다. "길이 미끄러우니 운전 조심해요"나 "신중하게 행동하길 바라요"라는 말들은 모두 상호간의 보호 기능에 서부터 비롯된다. 때때로 상대 배우자가 더 이상 사랑하는 사람이 아니고 단지 아이의 부모일 뿐일 때에도, 서로에게 부모와 같은 역할을 수행한다.

하지만 부모가 더 이상 부부가 아니라면, 누가 이러한 보호 임무를 수행할 것인가? 허공에 직면한 아이는 자기 자신을 스스로 보호해야 한다고 느끼게 되고, 의식할 수 있는 방식으로 뚜렷이 존재하지 않는 한쪽 부모의 자리를 스스로 메우려 하게 된다. 따라서 아이는 끊임없이 아버지 혹은 어머니 걱정을 할 것이고, 모든 것에 대해 조심하라는 권유를 부모에게 하게 될 것이다. 아이에게 주어진 이러한 새로운 역할을 주변의 어른들에게는 아이가 무서움을 많이 타고, 모든 것을 걱정하는 소심증으로 비춰질 수 있다.

양극 사이에서 어쩔 줄을 모르다

이러한 종류의 두려움이 점점 넓게 퍼져나감에 따라, 이혼한 부모의 아이는 양분되는 불안감과 직면하게 된다. 인간은 본래 자신이 안전을 기대하는 뿌리 집단의 소속감을 필요로 한다. 어느 누구도 완전히 독립된 채로 혼자 살아갈 수는 없다. 우리 모두는 그것을 원하든 원치 않든 간에 사회적 · 정치적 · 가정적 · 종교적, 혹은 지리적인 집단에 속해 있다. 이는 고독감에 대항하는 가장 훌륭한 보호막 중의 하나로, 우리에게 내적인 연대감과 소속감을 느끼게 해준다. 우리가 현실에서 기댈 수 있는, 혹은 정신적인 유대를 느끼게 해주는 집단은 핵심적인 지지대를 구성하고, 개인이 겪는 어려운 시련들을 분담해 주는 보호 구역이 되며, 외부 세계와의 접촉으로 생겨나는 '상처를 핥아' 주는 장소이기도 하다. 아이에게 있어서 자신의 가장 본질적이며 선천적이고 또한 최초로 갖는 준거 집단은 바로 부모라는 집단이다. 따라서 그 집단의 파열은 아이에게 '보호용 덮개가 벗겨지는' 느낌을 줄 수밖에 없다.

더욱 심각한 것은 이혼 이후에 아이는 지금까지처럼 하나의 집단에 속하는 것이 아니라, 완전히 다른 두 개의 집단에 속하게 된다는 것이다. 이혼 전 아이는 가족이라는 유일한 지표를 갖고 있었다. 부부가 결혼 생활을 유지하는 동안 적어도 그들은 하나의 공통점을 갖고 있었다. 서로 맞부딪쳐 살아야 했기에 그들 사이에는 타협이 있었고, 양보가 있었고, 서로 잘 들어맞는 가치관이 있었으며, 서로간의 소통과 보완 · 균형이 있었다.

하지만 양극이 분열하면 가치관은 각각의 편으로 나누어진다. 아이는 이후로 완전히 다른 두 개의 가치관 사이에서 스스로를 돌봐야 한다. 예를 들자면 한쪽은 여성적인 가치관과 다른 한쪽은 남성적인 가치관 사이에서 아이는 혼란을 겪게 된다. 종종 극심한 차이를 갖는 두 가지를 나름대로 종합하여 수용하는 것 또한 아이가 할 일이다. 따라서 아이는 마치 움직이는 모래사장처럼 위태로운 지역 내에서, 더 이상 확고한 지침조차 없이 완전히 길을 잃은 듯한 느낌을 받을 수도 있다.

이제 가족 집단은 두 개로 나뉘어졌고, 아이는 소집단 관계(이혼 전의 경우로 적어도 세 사람, 아버지, 어머니, 나의 구성원 혹은 남매, 자매까지 합친 작은 집단)에서 일대일의 관계(아이와 아버지, 아이와 어머니)로 관계 방식의 전환을 맞게 된다. 따라서 아이는 두 사람이 전부인 관계에 처한 자신의 입장을 발견하게 되고, 아이는 한쪽 부모의 부재를 자신이 대신하는 느낌을 가질 수밖에 없다. 아이는 자신을 불안하게 만들 수도 있는 엉성한 건축물 안에 갇힌 죄수인 것이다.

버려지는 것에 대한 두려움, 그것은 쓸데없는 걱정인가?

이혼한 가정의 아이들이 느끼는 두려움 중에, 버려짐에 대한 두려움이 자주 언급된다. 예전에 서로 사랑했던 부모가 지금은 서로를 버렸으니, 아이들 또한 자신이 언젠가 버려질지도 모른다는 걱정을 하게 되는 것이다. 하지만 이러한 의견은 그리 설득력 있어 보이지 않는다. 이혼 이후에 아이가 버려짐에 대해 두려움을 갖게 되는 것은, 유아기 때의 불안을 잘 극복하지 못함에서 기인한 취약성 때문이다.

실제로 아이가 태어나서 첫 한해 동안 이 분리 문제를 잘 극복하는 것이 정상이다. 아이는 조금씩 자신이 어떤 물건과 떨어질 수 있고, 누군가와 떨어져 있을 수도 있다는 것을 이해하게 된다. 처음에 아이는 자신을 엄마와 혼동한다. 엄마의 얼굴을 자신의 얼굴인 줄 알고, 엄마의 신체를 자신의 것으로 생각한다. 시간이 흐름에 따라 다른 객체와의 거리를 인식할 줄 알게 되고, 점차 자신의 정체성을 확립하게 되는 것이다. 하지만 아이는 이러한 '성장'을 자기 내부에서 좋은 경험들을 충분히 많이 겪은 이후에만 이루어 낼 수 있다. 즉 주변 사람들과의 관계, 특히 엄마와의 관계가 충분히 안정적이고 만족스러우며, 자신의 기대를 충족시키고, 안심시켜 줄 수 있을 때에만 분리 불안을 정상적으로 극복하게 되는 것이다. 즉 아이가 많은 좋은 경험들을 가지고 있다면 큰 어려움 없이도 엄마에게서 분리될 수 있다. 아이는 자신의 이미지를 자기 속에서 그리고, 자신의 모습을 간직하고 있다. 아주 어린 영아기에 획득된 이러한 안정감에 대한 내적인 경험에 의해 모든 인간 존재는 일생 내내 겪게 될지도 모르는 버려짐에 대한 불안감에 대항하여 일종의 보호벽을 갖추게 되는 것이다.

이 과정이 애초에 무리없이 진행된다면, 분리 불안이 다시 시작될 이유는 전혀 없다. 이혼의 경우에도 마찬가지이다. 물론 규칙적으로 상대 부모와의 만남을 갖는다는 중요한 약속이 잘 지켜진다는 조건하에서 말이다. 분리 불안에 대항하는 가장 좋은 대책은 상대의 마음에 지워지지 않는 흔적을 남겨두는 것인데, 보다 구체적으로 말하자면 만남의 횟수와 간격을 정해 놓고 그것을 잘 준수하는 것이 될 터이다. 아버지의 집을 방문하는 것을 예로 들어 보자. 규칙적인 리듬에 의해 아이의 방문이 이루어진다면, 아이는 원칙적으로 아버지가 자신을 버릴 것이라는 것에 대해 걱정하지 않는다. 실제로 약속한 시간에 오지 못하는 경우에, 아버지가 전화 혹은 편지로라도 존재감을 느끼게 해주는 한 아이는 자신이 버려졌다고 느끼지는 않을 것이다. 아이는 자신이 아버지의 기억 속에 존재함을 알게 될 테니까. 그것은 아이를 안심시키기에 충분하다.

□ 베르제 교수의 병례 4: 줄리의 경우

만 6세의 줄리는 "난 더 이상 사회보장 혜택을 못 받아"라는 말을 계속 반복하면서 그것에 대해 매우 걱정을 하는 아이였다. 그녀의 아버지 T씨는 이혼한 해의 나머지 기간 동안 줄리를 안심시키기 위해 애썼고, 계속해서 사회보장 혜택을 받을 수 있을 것임을 차근차근 설명해 주었다. 수없이 설명을 해준 결과 아이는 안심하게 되었지만, 그렇게 어린 나이의 아이가 그런 종류의 걱정을 갖고 있었다는 것에 대해 나는 몹시도 마음이 언짢았다.

그런 걱정은 나중에 밝혀진 바이지만, T씨의 부인에게서 기인한 것이었다. 그녀는 남편과의 이혼에 의해 심한 불안을 느끼고 있었다. 두 사람의 합의에 의한 이혼이었고, 이혼 시 상호간의 큰 갈등이 없었지만, 막상 이혼이 성립되고 나자 T씨 부인은 전 남편으로부터 지급되는 적지 않은 양육비에도 불구하고 혼자서의 생활에 직면하는 데 어려움을 느꼈던 것이다. 그녀는 자신의 이성적이지 못한 불안을 혼자 담아두지 못했고, 그것을 자신의 딸에게 쏟아냈다. "우린 이제 사회 안전보장 혜

택도 못 받게 될 거야"라는 말을 계속 해댔던 것이다. 이 말 중에 그녀에게 가장 의미심장한 단어는 바로 '안전'이었을 것임을 우리는 이해할수 있다. 그것은 그녀가 혼자라는 상황에서 느끼는 '불안정'한 감정을반영하는 것이기 때문이다.

5
나는 수치심을 느껴요

    어떤 아이들은 친구들에게 부모가 이혼했다는 사실을 숨긴다. 어찌 되었건 부모의 이혼은 자랑거리가 될 수 없다. 아이들의 이러한 행동은 이혼 가정과 재혼으로 구성된 가정이 흔한 근래의 상황으로 볼 때, 놀라워하는 사람들이 있을 수도 있다. 우리의 가정은, 이러한 수치심이 사회적인 질책에 그 원인을 두기보다는, 보다 근원적으로 아이의 내면적인 곳에서 그 원인을 찾아야 한다는 것이다.

    매우 오랫동안 이혼은 사회적으로 일종의 불명예로 낙인찍혀 왔다. 이혼한 사람들은 바람직하지 못한 삶을 산 사람들처럼 여겨졌으며, 새로운 동반자를 찾는 데 있어서 이혼 경력은 매우 큰 걸림돌이 되었고, 따라서 안정된 부부 생활을 하고 있는 자들에게는 잠재적인 위험 요소로 인식되기도 했다. 어떤 집단에서는 이혼자들을 행실이 나쁜 자들로 분류하여 멀리하기도 하였다.

    오늘날은 더 이상 그러한 판단 기준이 받아들여지고 있지 않다. 이혼이라는 것이 사회적·문화적으로 용인되고 있는 것이다. 우리는 이제 수많은 문학 작품이나 영화를 통해서 새로운 가족 구성원인 재혼에 의한 형제자매 관계를 지극히 '정상적인' 것으로 받아들이게 되었다.

    한마디로 얘기하자면, 이혼 가정의 한 아이가 자신의 내면에 수치심을 가질 이유가 거의 없다는 말이다. 왜냐하면 그 아이가 속한 학급이나 운동 동아리에서 동일한 상황에 처한 아이가 결코 없진 않을 것이기 때문이다. 그럼에도 불구하고 이혼 가정의 많은 아이들이 부모의 이혼을 집 밖에서는 입 밖에 내어 말하고 싶지 않은 터부의 주제로여기고 있다. 어떤 아이들은 이혼 사실을 숨기려고까지 하고, 적어도그것에 대해 입을 다물려고 한다. 그리고 만약 그 일을 발설한다면,매우 조심스럽게, 아주 친한 친구에 한해서 비밀스럽게 말해 주고자한다.

마음 깊숙한 곳에 상처를 입다

사회적으로 드러나지 않지만 훨씬 더 내면적인 형태의 수치심이 있다고 말할 수 있을까? 이 의문에 대답하기 위해 우리는 우선 수치심이란 감정을 정의 내려 보기로 하자. 누군가에게 모욕감을 주기 위해우리는 그 사람의 정체성 자체에 충격을 가하는 방법을 찾곤 한다. 그것은 그 존재의 본질을 건드리는 것, 즉 다시 말해서 상대방의 근본에대해 거론하는 것이다. "유대인 주제에!" "아랍 출신이면서!" "창녀 자식이!" 이런 표현들보다 더 잔인한 말이 또 있을까! 이런 말들은 단순한 조롱의 느낌이 아니라, 한 인간 존재에 대한 절대적인 부정이며 평가절하인 것이다.

이혼은 한 아이라는 존재의 정체성을 뿌리째 뒤흔드는 막대한 피해를 입힌다. 자신에게 생명을 주고, 성장하게 해준 부모라는 울타리가한순간에 무너져 내린 것이다. 우리가 이미 살펴본 바대로 아이는 가족에 의해, 가족을 통해 존재한다. 아이의 부모가 아이를 가족의 일원으로 인정해 주고, 그들과 똑같은 집단에 속해 있다고 안심시켜 줌으로써 아이는 점차 자신만의 정체성을 정립해 나가게 되는 것이다. 부모라는 울타리가 무너져 내리면, 곧 '정체성의 울타리'가 무너지고 손상되는 것과 같다. 그것은 마치 아이의 근원지가 더럽혀지고 수치스러워진 것과도 같다.

다소 오랫동안 지속되는 이러한 수치심이란 감정은 주로 만 5세에서 13세 연령대의 아이들에게서 나타난다. 인생에서 이 연령대는 친구가 상당한 자리를 차지하는 시기이다. 친구라는 외부 집단은 어쩔 수 없이 생기는 가족적인 긴장감에 대한 일종의 균형 유지 작용을 해준다. 다시 말해서 아이가 자신이 부모에 대해 정신적으로 부여하고 있는 중요성에 어느 정도 상대적인 가치평가를 가능하게 해주는 작용을 함으로써 균형을 유지할 수 있게 해준다. 예를 들어 집에서 어머니는 내가 예의 바르고 얌전하게 행동하기를 바란다. 하지만 친구들 사이에서 나는 온갖 행동을 다 해볼 수 있다. 심지어 상스러운 욕까지도 내뱉을 수 있다! 집에서 나의 부모님은 나를 과잉보호하신다. 하지만 내 친구들과 함께라면 나는 어느 정도의 위험은 감수할 수도 있다.

따라서 가족이라는 울타리 이외에 친구 집단은 제2의 귀속처인 동시에 해방의 장소이다. 하지만 친구 집단은 잠재적인 수치심을 느끼게 되는 장소이기도 하다. 왜냐하면 아이들에게 있어서 친구들의 의견은 가장 중요한 것이기 때문이다. 학교 성적이 좋지 않은 아이는 부모님의 질책만을 두려워하는 것이 아니라, 또래 친구들의 평가에 더욱 신경 쓴다. 반에서 바보 취급을 당하는 것보다 더 창피한 일은 없기 때문이다. 그것은 정말 참을 수 없는 수치이다!

아이의 눈에 이혼은 친구들에게 자신의 가족을 더 이상 보여줄 수 없는 크나큰 사건으로 인식될 수 있다. 아마도 아이는 이혼을 통해서 부모님의 갈등 상황을 만천하에 공개하는 듯한 인상을 받을 것이다. 그것은 마치 자신의 내밀한 부분이(별로 좋지 못한 계기로) 만천하에 공개되는 것과도 비슷하다. 보통의 아이들은 대부분 자기 집에 친구들을 초대하고 싶어 하고, 자신의 집과 소유물들을 보여주고 싶어 하는데, 이혼한 부모의 아이는 순간 '자기 집'이 그다지 훌륭한 곳이 못 됨을 깨닫게 되는 것이다. 바로 이 곳에서 어머니, 아버지가 싸움을 하였고, 더 이상 서로 사랑하지 않게 된 것이다. 자신의 부모가 이혼했음을 밝히는 것은 친구들에게 가족사의 어두운 부분을 보여주는 것이고, 별로 순탄치 못하게 흘러가고 있는 무엇인가를 인정하는 것이 된다.

비록 이혼이 사회적인 차원에서 극히 차별화되는 사건은 아니라 하더라도, 개인적이고 무의식적인 차원에서, 즉 아이의 정신 세계에 있어서 이혼은 매우 눈에 띄는 사건임이 분명하다. 다시 반복해서 말하자면 이러한 문제 제기는 특히 만 5세 이상 14세 이하의 아동에게 있어서는 특히 유효하다. 5세 이전에는 조직적이고 지배적인 영향을 미치는 친구 집단에의 귀속감은 실제적으로 존재하지 않는다. 또한 사춘기에는 많은 청소년들이(물론 전부는 아니다) 부모의 '역사'에 대해 한두 발짝 뒤로 물러서 있게 된다. 이러한 상대적인 거리감과 부모에 대한 종속감의 감소는 사춘기 아이들이 수치심을 덜 느끼게 하는 바람막이가 된다. 마지막으로 이러한 수치심과는 거리가 먼 아이처럼 허풍을 떠는 아이들도 있다는 것을 말해두려 한다. "난 정말 좋아. 난 부모님이 이혼한 후로 내 방도 두 개이고, 크리스마스엔 선물도 두 배로 받아!" 하지만 이런 태도는 단지 자신에게 상처를 주고 아프게 한 것들을 부정하기 위한 일종의 방패에 지나지 않음을 짐작할 수 있다.

이혼을 수치스러워하는 것이지, 부모님을 수치스러워하는 것은 아니다

자신의 아이가 수치심을 느끼고, 가족의 상황에 의해 심적으로 부담을 갖는 것은 부모들에게 있어서도 매우 고통스러운 일이다. 내 자식이 나를 수치스러워한다……. 그로부터 부모들은 자문하게 된다. '혹시 그런 수치심 뒤에는 우리에 대한 심판을 하고 있는 것은 아닐까?' '아이가 우리를 바보로 생각하고, 결속된 부부 관계를 유지하지 못하는 무능력자로 보는 것은 아닐까?' 실제로 아이가 생각지도 못한 수많은 의문들이 꼬리에 꼬리를 물고 이어지게 된다. 하지만 아이가 수치스러워하는 것은 부모가 아니라 이혼이라는 사실이다. 더군다나 자신의 부모에 대해 이런저런 비판이나 평가를 표출하는 아이들은 거의 찾아보기 힘들다. 비록 그의 부모가 알코올 중독자이거나 정신이상자라 할지라도…….

반면, 아이가 자기 자신을 매우 엄격하게 질책하는 일이 생길 수 있다. 이런 경우는 주로 외동이거나 첫째아이인 경우가 많다. 이런 아이들은 자기 자신이 부모로 하여금 '부모'가 되게 만든 장본인이라는 생각을 가지고 있다. 또 한편으로 이 경우의 아이들은 자신이 부모라는 커플을 만들어 냈다고 생각하는 환상에 빠질 수도 있다. 즉 자신을 태어나게 하려고 부모님이 결합한 것이라고 믿는 것이다. 따라서 이런 경우 아이는 부모의 이혼에 특히 더 많은 상처를 받게 되고, 부모가 다시 결합하게 만들 수 있을 만큼 착한 자식이 되지 못한 자신을 비난하게 되는 것이다. 따라서 자기 스스로를 '나쁜 사람'으로 느끼고, 창피하게 여기게 된다. 흔히 형제자매 중 제일 맏이가 특히 이러한 망상에 사로잡히는 것을 관찰할 수 있고, 또한 이혼에서 가장 막대한 고통을 느끼는 이도 바로 맏이들이다.

이미 언급한 대로 수치심은 매우 격심한 감정의 소용돌이이다. 죄책감보다도 더한 것이고, 누구와 나눌 수 있는 것이 아니기에 엄폐되어 있으며, 너무나도 개인적인 그 어떤 것이다. 또한 우리 시대의 수많은 아이들이 부모의 이혼 앞에서 동일한 수치심을 갖게 되는 것은 결코 그 수치심이 각자가 짊어지기에 적당한 무게여서가 아님을 주지해야 할 것이다.

수치심에 대한 사회적인 '처방'은 물론 그 원인은 사회적인 것이 아니었지만, 임시방편적인 도움을 줄 수도 있다. 다른 분야에서 예를 들자면, 여러 공공 장소에 상담자의 익명성이 보장되는 전화번호를 비치함으로써 폭력 남편에 시달리는 여성들의 문제를 사회 전면에 대두시킨 것처럼 말이다. 이것은 어떤 관점에서 보면 배우자에게 매 맞는 여성들의 수치심을 사회적인 차원에서 처방해 준 것으로 볼 수 있다.

하지만 이혼으로 인한 수치심에 대한 사회적인 처방은 존재하지 않는다.[4] 그렇다면 이혼 가정의 아이는 자신이 느끼는 수치심에 홀로 맞서야 하는 벌을 받아야 하는 걸까? 그렇지 않다. 아마도 그 아이는 주변의 어른들(선생님이나 친척 등)에게 자신의 심정을 털어놓고, 자신이

---

4) 독일에는 이혼 가정의 자녀들을 위한 모임이 있다. 우리는 여기에서 독일의 경우 어떻게 운영되고, 실질적으로 그 모임이 유용한지에 대해서는 일단 접어두고자 한다.

느끼는 수치심에 대해서 말할 수 있는 기회를 얻을 수 있을 것이다. 그러면 아이는 '희생자'라는 자신의 처지를 인정받게 될 것이고, 다른 사람이 말 그대로 그 증인이 되어 줄 것이다. 또한 아이가 느끼는 감정을 누군가 공유하게 된다는 것은 아이가 내밀한 경험에 직면함에 있어서 혼자라는 느낌을 덜 받게 도와줄 수 있다.

□ 베르제 교수의 병례 5: 테오의 경우

범상치 않은 상황에 접했다. 나는 만 10세의 테오와 3년 전부터 매주 면담 시간을 가져왔었는데, 오늘은 면담이 시작된 지 얼마 지나지 않아 매우 긴장한 듯이 보이는 테오가 낮은 목소리로 내게 비밀을 하나 말해 주겠노라고 속삭였다. 아이가 내게 해준 말은 부모가 이혼했다는 고백이었다. 나는 테오에게 내가 그 사실을 이미 알고 있었으며, 그 이유는 그의 어머니가 첫번째 면담에서 내게 몇 번이나 이혼에 대해 말하였고 상기시켰다.

H부인은 실제로 부모의 이혼 이후에 아이가 느끼는 불안감 때문에 아들과 함께 면담에 참석해 왔다. 우리는 이 단절이 가져오는 상황에 대해 매우 오랜 기간 동안 이야기를 나누었다. 테오는 아버지가 다른 여자들을 만나는 것을 어머니가 묵인만 해준다면 두 사람이 다시 합칠 수 있을 것이라는 희망을 갖고 있었다. 하지만 이 아이는 우리가 직접적으로 이혼에 대해 인식시키려 했던 전 기간을 애써 망각해 버렸음이 드러났다. 그는 이혼이라는 사건이 너무나 수치스러운 것이었기에, 그것을 비밀에 부쳐두려 했던 것이다. 이러한 부인은 2장에서 나온 샤를의 경우와는

달리 이혼 그 자체에 국한되는 것은 아니다. 아이가 부정하고자 하는 것은 이혼이 공식화되어서 다른 사람들 눈에 공개되는 것이었다. 그것은 정말 참을 수 없는 일이기 때문이다.

6

나는 화가 났어요

　비록 아이들이 직접적으로 드러내지는 않지만, 일부 아이들은 부모의 이혼에 접하여 매우 화가 난 상태에 이른다. 하지만 그것이 꼭 나쁜 것은 아니다. 왜냐하면 화가 나는 것은 이혼을 받아들이기 직전의 단계일 수 있기 때문이다. 아이들의 의견이 경청되어지고, 필요한 정도까지 정리가 된다는 조건하에서 말이다.

　"이혼을 하다니, 정말 형편없는 부모로군요!" "전 정말이지 두 분을 증오해요." 당신의 자녀가 이런 가슴 아픈 말을 면전에 퍼부을 때 당신은 아이가 얼마나 화가 났는지 가늠하게 된다. 실제로는 나이 어린 자녀들일수록 부모에 대한 자신의 분노를 보다 명료하게 드러낸다. 나이가 많은 자녀들일수록 분노를 속에 담아두고, 간접적인 방식으로 그것을 표출하는 경향이 있다. 어느 정도 나이가 든 아이들은 상황이 이미 커질 대로 커진 상태라서 불 위에 기름을 붓는 위험을 감수할 이유가 없음을 직감하고 있는 것이다. 따라서 그들은 완곡한 방법을 이용한다. 예를 들자면 그들 중 일부는 학교나 주위에서 극심하게 공격적인 성향을 보이게 되기도 한다.

건강한 분노

　그렇다면 왜 분노인가? 단순하게 생각하자면, 아이들은 자신이 아무런 걱정 없이 조용히 성장하는 것을 방해한 부모님을 원망하는 것이고, 어른들의 문제로 자신의 유년 시절을 침범해 버린 것에 대해 화를 내는 것이며, 또한 이쪽저쪽으로 옮겨다니면서 복잡한 생활을 할 수밖에 없게 만든 부모를 원망하는 것이다. 이건 정말 너무 힘든 일이니까!

　이러한 분노는 그저 참아내기에 결코 쉽지가 않다. 부모는 아이의 분노를 종종 부당한 감정이라고 여긴다. 당사자인 어른들 또한 그들 자신에게 엄청난 고통과 문제점을 불러일으킨 이혼의 피해자이기 때문이다. 그러므로 자식의 분노를 씻어 주는 일은 그들에게 결코 쉬운 일이 아니다. 하지만 어쨌든 직접 대처해야 하는 것은 분명하다.

　그렇다. 하지만 어떻게 대처해야 할까? 우선 아이의 분노가 꼭 경각심을 불러일으키는 심각한 것만은 아님을 알아야 한다. 분노는 건강한 감정의 분출일 수 있다. 어른들이 부과한, 그리고 어쩔 수 없이 따를 수밖에 없는 입장인 아이들이 겪는 상실 앞에서 아이들은 화를 내고, 적극적으로 저항할 수 있다. 비록 자신이 상황을 바꿀 수 있는 아무런 힘도 갖고 있지 않음을 알고 있더라도 말이다.

관대함과 한계 사이

　비록 분노가 정당한 것이고, 나아가 건설적인 것이라 하더라도 폭력성은 매우 큰 파괴력을 가진다. 따라서 분노와 폭력성을 구분하는 것은 매우 중요하다. 폭력을 행함에 있어서 아이는 자신을 괴롭히는 것을 거부하고, 자신의 불만족을 표현하는 것에서 그치는 것이 아니라 상대방을 공격하여 신체적 혹은 정신적으로 상처입히려고 한다. 이러한 공격성과 비뚤어짐을 견제하기 위해서는 아이의 분노를 인정해 줄 필요가 있다. 이러한 인정은 그다지 쉬운 일은 아니다. 왜냐하면 누구나 다른 사람의 분노를 직접 대하기 어려워하기 때문이다. 분노란 사람을 불편하게 만들고, 누구나 그것을 없애거나 부정하고, 무시하고 싶어 한다. 하지만 우리가 해야 할 일은 그와는 정반대이다. 오히려 아이의 분노를 직접적으로 보고, 듣고, 이해해야만 한다. 아이에게 "네가 이혼 때문에 나에게 화가 나 있다는 것을 알고 있어"라고 말해 주는 것은 이미 아이의 분노를 가라앉히는 데 한 걸음 앞서 나가는 시작이 된다.

보다 구체적인 문제가 발생한다면 그 문제에 대해 아이가 이해할 수 있도록, 그리고 말하고 싶은 정도만큼 잘 대답해 주어야 한다. 만약 아이가 "왜 아빠는 그렇게 못되게 구는 거예요? 왜 엄마랑 더 이상 같이 살고 싶어 하지 않는 거예요?"라고 묻는다면, 이렇게 대답해 줄 수 있을 것이다. "그래, 아빠는 더 이상 엄마를 사랑하지 않는단다. 그리고 이젠 다른 사람과 살기로 결심했단다. 그것이 너를 혼란스럽고 힘겹게 한다는 것을 알고 있다. 그래서 정말로 내 마음도 좋지 못한단다."

하지만 반대의 경우, 즉 아이로부터 어떤 대답을 기다리거나, 아이가 자신의 감정이나 느낌에 대해 설명해 주기를 기대해서는 안 된다. 예를 들어 "넌 왜 그렇게 화가 나 있는 거니?"와 같은 핀잔하는 투의 물음은 매우 신중하게 말해져야만 된다. 어떤 아이들은 자신의 분노를 오직 심리상담가 앞에서만 겨우 드러내는 경우가 종종 있다. 그럴 때면 부모들은 그날 저녁 아이가 불만을 갖는 이유에 대해 시시콜콜 따져가며 물어봐야겠다는 식의 반응을 보이기 마련이다. 하지만 아이가 느끼는 감정을 있는 대로 죄다 표출하라고 강요하는 것은 아이를 도와주기보다는 오히려 역효과를 가져올 수 있다. 어떠한 경우에도 아이는 자신만의 사고 공간을 가질 권리가 있고, 부모는 그것을 존중해주어야 한다. 물론 아이와 이야기를 나누는 것이 부모 입장에서는 죄책감을 덜 수 있는 방법이 되고, 불편함을 다소 은폐할 수 있을지도 모른다. 하지만 지나친 질문과 강요는 실패로 끝날 가능성이 많고——아이가 질문에서 벗어나기 위해 아무렇게나 대답할 것이 분명하므로——오히려 해악이 된다. 친밀감은 누구나 가질 권리가 있는 소중한 행복이다. 하지만 부모가 자녀에 대해 모든 것을 알아야 할 필요는 없다. 아이는 부모에 대해 비밀을 가질 권리도 있다.

'정상적인' 분노, 즉 폭력적이지 않은 건강한 분노에 대해서 우리는 관대함을 가져야 한다. 시간이 흐르고 이혼을 받아들이게 됨으로써 이런 유의 표출은 점차 완화될 것이다. 하지만 그 기간 동안 교육적인 원칙을 모두 접어두어야 한다는 말은 아니다. 아이가 힘겨운 시기를 겪고 있다고 해서 모든 것을 다 때려 부수고, 부모를 욕하고, 때리거나 해도 된다는 것은 아니란 말이다. 아이가 상처를 받았고, 화낼 권리가 있다는 것을 인정한다고 해서 그 아이가 모든 것을 다 정당하게 할 수 있다는 말은 아니다. 단지 평소보다 조금 더 융통성과 너그러움을 가지되, 교육적인 차원에서의 입장은 고수하는 것이 좋다. 제재를 받지 않는 아이들은 자기 내면에서 분출되는 폭력을 멈추게 하는 것이 아무것도 없음을 알게 될 때 엄청난 불안감을 느끼게 된다. 혼자 자신의 분노와 충동에 맞서야 하는 아이는 곧 위험에 빠지게 된다. 시기적으로 부모의 권위를 증명하기에 적당한 때가 아님을 느낄지라도, 단호한 태도를 보이는 것은 아이에겐 오히려 바람직한 일임을 명심해야 한다.

분노의 이유

아이가 분노하는 직접적인 이유가 부모에게 있는 경우도 있기 마련이다. 아이의 마음에 커다란 원한을 만든 특별한 경우를 예로 들자면, 그것은 바로 부모 중 한 명이 상대방에게 물리적인 폭력을 휘둘렀을 경우이다. 비록 그가 아이는 털끝 하나 건드리지 않았다 하더라도 말이다. 그런 장면으로 인해 아이가 받는 충격은 폭력을 당한 부모가 그 사실에 대해 자주 아이에게 말을 하거나, 자신이 피해자임을 확인시킬 때마다 더욱 증폭되고 연장된다.

아이의 원한을 더욱 깊게 하는 다른 상황을 들어 보기로 하자. 예를 들자면 부모 중 한 명이 자신의 새배우자를 아이에게 정식으로 소개하지 않은 상태에서, 이미 그 사람과 재혼하게 되었다는 사실을 아이에게 통보하듯 알릴 때이다. "아빠는 나한테 친구를 만나게 해준다고 말했을 뿐인데, 만날 장소에 가보니까 둘이 벌써 손을 잡고 있었어. 그냥 친구가 아니라 애인이었잖아. 아빠는 거짓말쟁이야. 더 이상 아빠 얼굴을 보기도 싫어!" 5세 남자아이의 이러한 분노는 아버지의 서투른 행동이 가져온 불행한 결과를 잘 보여준다.

그 아버지는 보다 더 시간적 여유를 갖고 아들에게 자신의 여자 친구에 대해 가끔씩 얘기를 꺼냈어야만 했다. 그럼으로써 여자 친구를 소개하기 전에 아이가 그녀의 존재에 대해 적응할 수 있게 도왔어야 했다. 그랬다면 아이는 머릿속으로 새로운 여자의 존재가 자신의 삶에 어떤 변화를 가져올지에 대해 조금씩 생각할 수 있는 시간적인 여유를 가질 수 있었을 것이다. '엄마라면 이 일을 어떻게 받아들일까?' '새로운 사람과 내가 잘 지낼 수 있을까?' '그 여자가 내게서 아빠를 빼앗아 가지는 않을까?' 이런 생각들을 해보기도 전에 아이는 놀라움과 충격에 사로잡힌 채, 분노와 거부 이외에는 다른 선택의 여지가 없는 상황으로 불쑥 내몰린 것이다.

이혼의 상황에 대해 적절한 설명이 부재할 경우 또한 아이의 분노를 불러일으키는 이유가 된다. 아이들이 자신이 태어나게 된 원초적인 장면을 상상하듯이——내 부모님은 어디에서 어떻게 서로 만났을까, 어떻게 해서 서로 사랑하게 되었을까——모든 아이들은 이혼에 대해서도 '나름대로의 상상'을 한다. 아이는 시간이 지남에 따라 사랑이 희미해질 수 있다는 것을 좀처럼 믿기 어려워하고, 감정이 점점 사라질 수 있다는 것을 이해하지 못한다. 아이는 종종 생각한다. 분명 이혼하게 된 결정적인 사건이 있었을 것이라고.

또한 아이에게 이혼의 이유에 대해 아무 말도 해주지 않고, 이혼과 직접적으로 관련된 주제에 관해 일부러 언급하지 않는다는 인상을 받는다면, 아이는 분명 알 수 없는 분노를 느끼게 될 것이다. 7세의 여자아이는 이혼에 대해 말해 달라고 조르면서 아버지에게 재차 질문을 던진다. "그러면 밤에 (내가 잘 때) 이혼하자고 말한 거예요? 무슨 일이 있었는데요?" 아이는 부모가 싸우지도, 눈물을 흘리지도 않은 채 조용히 헤어지게 된 것을 이해할 수 없어 했고, 어른들이 자신에게 무언가 숨기고 있다고 생각하였다.

비록 어른들이 아이가 자기 나름대로 이혼에 대한 이야기를 스스로 지어내는 것을 완전히 막을 수는 없지만――우리가 아이의 모든 생각을 다 알 수는 없으므로――적어도 아이가 아무런 설명 없이 방치되어 분노를 키우게 만드는 일은 예방할 수 있다. 어떤 아이도 너무 어리지는 않다. '나중에 설명해야지'는 안 되는 일이다. 아이가 아무리 어리더라도, 아이는 항상 적당한 답을 찾을 줄 안다. 그것이 비록 대강의 파악에 그친다 하더라도 말이다. 모든 설명은 적어도 아이의 과장된 환상을 제한해 주는 역할을 수행한다.

소란스러운 회귀

마지막으로, 분노가 아닌 것을 분노라고 착각하지는 말아야 한다. 많은 부모들이 아이가 상대방 부모의 집에서 돌아왔을 때 하는 행동에 대해 불만을 털어놓는다. 그때의 아이들은 성마르고, 짜증을 내며, 말을 잘 듣지 않는다. 그러므로 간혹 다음과 같은 편협한 결론을 내리게 되는 경우가 있다. 즉 아이 아버지(혹은 어머니)가 아이를 너무 풀어주어서 버릇없는 아이로 만들어 버렸다고 말이다. 혹은 반대로 아이 아버지(어머니)가 지나치게 엄하게 대해서 내게로 와서는 제멋대로 행동하고 싶어 하는 것이라고.

그러한 추리의 일부분은 사실일 수도 있다. 하지만 다른 부모의 집에서 온 뒤로 보이는 아이의 공격적인 반응은 아이가 처해 있는 갈등 상황을 더욱 여실히 보여주고 있다고 생각된다. 이런 종류의 행동 양태는 주로 아이가 서로 화합할 수 없는 두 개의 애착 대상 사이에서 충돌할 때 나타난다. 아이는 서로 사랑하지 않는 두 사람을 사랑하고 있다. 이러한 사실은 분노로 잘못 여겨질 수 있는 긴장감을 아이에게 부여한다.

위탁 가정에서 자라면서 친부모와 지속적으로 관계를 맺고 있는 아이들의 경우도 비슷한 증상을 보인다. 한 가정에서 다른 가정으로 왔다 갔다 하는 것은, 비록 그 사이에 아무런 갈등이 없다 할지라도 아이를 매우 불편하게 만든다. 왜냐하면 이동의 순간은 아이에게 두 가지 애착물간의 상충되는 감정을 상기시키기 때문이다. 하지만 그렇다고 해서 아이가 위탁 가정에서 잘 지내지 못한다거나, 친부모에게서 해를 입는다는 것을 의미하지는 않는다.

이혼한 부모에게서 다른 부모에게로 왔다 갔다 하면서 생활해야 하는 아이들의 경우도 마찬가지이다. 아이의 공격성은 시간이 지날수록 점차 확산된다. 하지만 그것이 다른 쪽 부모가 아이를 잘못 다루었다는 증거는 될 수가 없다. 이는 우리가 조급한 추론에 빠지지 않도록 해줄 것이다.

□ 베르제 교수의 병례 6: 에드가의 경우

만 30개월인 에드가는 지속적이고 심한 공격 성향 때문에 어머니와 함께 내원하였다. 진료실로 겨우 들어온 그 아이는 의자로 어머니의 발등을 세게 내려찍었고, 몇 분이 지나도록 나에게 빈정거리는 듯한 웃음을 끊임없이 지어 보였다. 차후의 면담에서 에드가는 내 얼굴 쪽으로 공공연하게 물건을 집어던졌다. 아이의 이러한 폭력성은 유아원에 들어

가자마자 문제를 불러일으켰다. 폭력적인 경향은 아이가 아버지의 집에서 돌아온 직후에 최대로 상승하였다. 에드가는 어머니에게 "엄마가 날 버렸어"라는 말까지 했다. 에드가의 아버지 E씨는 결혼하자마자 아이를 갖길 원했다. 반면 그의 아내는 학업을 마친 지 얼마 되지 않은 상태에서 갓 일을 시작한 직장인이었기 때문에, 1-2년 후에나 아이를 가지고 싶어 했었다. 하지만 남편의 압력으로 아내는 임신을 수락했고, 기꺼이 아이 양육에 자신을 바쳤다. 그러나 부부는 그 이후 점차 멀어지기 시작하였고, E씨는 에드가가 만 17개월이 되던 때에 집을 나갔다. 두 사람이 처음 만나 커플이 된 지 10년이 지난 부부가 이처럼 빨리 갈라지게 되다니 참으로 안타까운 일이다. 부인의 말에 따르면, 남편은 아기가 생김으로 인해 변화된 삶을 감내하기 힘들어했다고 한다.

이혼 이후 매 주말마다 E씨는 아이를 데리고 자신의 어머니, 즉 아이의 할머니 집으로 갔는데, 그가 설명하기를, 그것은 친할머니가 손자를 보다 자주 볼 수 있도록 규칙을 정해두기 위한 것이고, 또한 친할머니와 외할머니에 대한 아이의 친밀감에 형평성을 주기 위한 것이라고 했다.

법원의 판결을 기다리는 기간 동안 E씨는 아이를 놀이방에서 일정한 약속 없이 아무 때나 자기 집으로 데려가기에 이르렀고, 아이 엄마는 아이를 아침에 놀이방으로 보내면서도 저녁에 다시 아이가 집으로 무사히 올 수 있을지에 대해 자세히 알 수도 없는 상황이었다. 아이는 주말 동안만 '가 있거나' 혹은 일주일을 완전히 있다 오기도 했으며, 그러는 동안에 아이 아버지는 한두 번의 전화 이상은 해주지 않았다고 한다. 에드가가 27개월일 때 아버지는 아이를 한 달 내내 여름휴가 동안 데리고 있었으며, 일주일에 한 시간만 엄마를 볼 수 있게 해주었다. 아이 어머니는 그것이 몹시 고통스러웠지만 어떻게 대처해야 할지를 몰랐고,

그녀의 변호사도 그리 적극적인 조치를 취해 주지 않았다.

이 즈음 에드가의 공격성이 나타났다. 집에서 에드가가 주로 하는 놀이는 '뻐꾸기 숨기'라는 일종의 숨바꼭질이었는데, 그것이 아니면 어머니를 도망가지 못하게 감옥 속에 가두어 두는 놀이를 주로 하였다. 이런 불안정한 환경에서 아이가 느낄 수 있는 분노나 슬픔에 대해 몇 차례나 아이 아버지에게 대화를 요청해 보았으나, 변하되는 것은 아무것도 없었다.

E씨가 면담에 응했을 때, 그는 에드가가 자신의 집에서는 전혀 공격적이지 않음을 지적했다. 하지만 에드가는 면담 내내 불편해 보였고, E씨는 아이가 말을 듣지 않을 경우 매우 세게 엉덩이를 때리는 등의 즉각적인 제재를 가함으로써 자신이 아들을 잘 '제어'하고 있다고 말했다. 하지만 그것만으로 에드가가 가끔씩 친가쪽 식구들을 갑자기 때리고 하는 행동이 고쳐지진 않았다. E씨가 전 부인에 대해 비난하는 바는, 그녀가 별로 모성애가 강하지 않다는 것이었다. "왜냐하면 그녀는 원래 아이를 원하지 않았어요." 또한 그가 아이의 주거 환경을 아버지 집과 어머니 집으로 바꿔가면서 고집한 이유에 대해 설명하기를, 자식 양육에 있어서 아무리 어린아이라 할지라도 아버지와 어머니의 역할은 동등하게 중요하기 때문이라고 자신의 의견을 밝혔다.

에드가와 어머니가 함께 받은 여러 차례의 면담을 돌이켜 봤을 때, 에드가의 어머니가 아이에 대한 애정이나 교육적인 자질이 부족하다는 점은 전혀 발견할 수 없었음을 여기에서 밝혀두고 싶다. E씨가 전 부인에 관해서 모성애가 부족하다는 비난을 하는 것은 내 생각에는 근거 없는 것처럼 느껴졌다. 또한 에드가의 어머니는 아기를 돌보기 위해 1년 동안 휴직을 하기도 했었다.

에드가의 분노는 '엄마의 부재'가 점차 줄어든 시점, 즉 아이가 어머니의 집에서 일주일을 보내고 난 주말마다 점차 줄어들었다. 에드가의 격한 분노는 현실 상황이 정리되지 않고서는 도저히 치료 불가능한 것으로 보였기 때문이다. 따라서 나는 가정법원의 판사 앞으로 편지를 썼고, 부모 중 어느 쪽 편도 들지 않은 상태에서 전문가로서의 내 소견을 피력하였다. 즉 아이가 어머니를 오랫동안 떨어져 있어야 하는 기간에는 그 기간을 정확하게 미리 어머니에게 알려 줘야 하며, 아버지 집에 있는 동안 에드가가 어머니와 자유롭게 통화할 수 있도록 해줄 것을 요구하였다. 판사는 이 요구를 수락하였고, 이런 내용의 판결을 양측 부모에게 전달하였다.

심리 치료를 위한 면담은 매우 힘든 시간이었는데, 그 이유는 에드가가 자신이 느끼는 것을 실제와 전혀 다르게 표출하고, 그것도 매우 힘겨운 방식으로 드러냈기 때문이다. 에드가는 집에서 털인형을 때리며 노는 것에 많은 시간을 소비하는데, 그의 말에 따르면 털인형이 아주 나쁜 아이라서 때려 줘야 한다는 것이고, 그것은 아이가 자기 자신에 대해 갖고 있는 이미지와 일치한다고 보아야 한다.

에드가의 정신 세계는 말로 설명하기 매우 복잡하다. 실제로 에드가 또래의 아이들은 어머니나 아버지에 대해 종종 공격적인 행동을 보이곤 하는데, 그것은 자신의 자립성을 보여주고자 하는 필요에 의해 나타나는 행동이다. 우리는 이 시기의 아이들을 흔히 '미운 세 살'로 부르기도 한다. 하지만 그런 상황을 염두에 둔다 하여도, 다른 요인들이 또 문제가 된다. 에드가는 자신이 원하는 만큼 오랫동안 어머니와 같이 있을 수 없다는 사실을 이해할 만한 지적 능력이 아직 없다는 점에서, 화를 낼 수 있는 '객관적인' 이유가 있다. 더군다나 에드가가 어머니에게 폭력적인 행동을 보일 때면 그 자신이 전 부인을 강하게 비난하는 아버지의 모습이 되어 가고 있음을 은연중에 느끼게 된다. 동시에 아이는 어머니와의 관계가 깨질 듯이 약하다는 것을 느끼는데, 그것은 아이가 반복적으로 어머니를 떠나는 경험을 하기 때문이다. 또한 아버지에게 있어서 에드가의 어머니는 더 이상 존재하지 않는 사람이기 때문이다. 점차 시간이 흐를수록 에드가는 아버지가 어머니에 대해 나쁜 말을 하는 것을 좋아하지 않는다고 말하게 될 것이다. 그래서 결국엔 "왜 아빠는 엄마를 더 이상 좋아하지 않는 거죠?"라고 묻게 될 것이다.

에드가가 자신의 생각을 있는 그대로 표출하고, 의사와의 관계를 단절하지 않도록 매순간 온갖 신경을 써야 하는 매우 길고 힘겨운 심리 치료의 시간이 지난 후에 아이의 분노는 조금씩 줄어들 수 있을 것이다. 에드가는 현재는 친구들과 몇 시간 동안 계속해서 놀 수 있다. 이전에는 물론 그러지 못했었다. 이제 더 이상 엄마를 때리지도 않으며, 혼자서 자신의 생각대로 놀이를 할 수 있는 능력도 회복하였다.

7
나는 길을 잃었어요

　부모의 이혼에 접해서, 아이는 아버지와 어머니에게서 느끼는 동일시와 욕망의 유희를 경험할 기회를 잃어버리게 된다. 아이는 오이디푸스적 충동에 자연스레 빠져들 수 있는 평온하고 고요한 틀에서 떨어져 나간 채 있게 되는 것이다.

　모든 아이들에게 있어서 부모 두 사람은 매우 소중한 '유희의 장'이 된다. 아이가 거쳐 가게 될 심리적인 발달 단계의 큰 부분들은 아이가 주위 사람들과 정신적이거나 실제 생활에서 여러 경험들을 함께 나누어야 하는 것들이 많다. 이러한 경험들은 양쪽 부모가 같이 있어줄 때 가능한 것들이고, 적어도 더 쉽게 이루어질 수 있다. 일단 부부 사이가 갈라지면, 아이는 이러한 경험들을 가능하게 해주던 안정적인 틀을 잃어버리게 된다. 이러한 부모라는 틀이 갖는 유용성을 보다 잘 이해하기 위해서 우리는 이번 장에서 어린 시절의 중요한 심리적 발달 단계에 대해 짚고 넘어가고자 한다.

오이디푸스 콤플렉스에서 잠복기까지

충동적인 감정의 동요와 포기의 시기인 만 3세에서 6세까지에 해당하는 그 유명한 오이디푸스 콤플렉스 시기에 대해 살펴보기로 하자. 이 시기의 아이는 매우 상반되는 두 가지 욕망에 의해 동요된다. 한편으로 아이는 자신과 이성인 부모를 혼자 독차지하고 싶어 하는 동시에 동성의 부모가 없어졌으면 하고 생각한다. 또 다른 한편으로 아이는 '경쟁자'인 동성인 부모가 정말로 사라지는 것은 원치 않는다. 아이는 여전히 동성 부모의 애정도 필요로 하기 때문이다. 또한 아이는 자신을 배제한 채, 자신이 끼어들 수 없는 '무엇인가'를 하는 부부 두 사람의 사이를 갈라 놓고 싶어 하는 동시에, 두 사람이 함께 자신을 돌봐 주는 것을 더할 나위 없이 만족스럽게 여기기도 한다. 예를 들어 한 팔에 한 명씩 아버지와 어머니의 손을 잡고 공중 위로 '부웅' 몸을 날리는 비행기 놀이에서 아이는 무한한 행복감을 느낀다.

이런 모순적인 감정들을 조절하기 위해 아이는 다행스럽게도 몇 년에 걸쳐 형성되는 초자아라는 매우 효과적인 정신 기제를 가지고 있다. 우리는 초자아를 흔히 검열 기능을 하는 것으로 보아 왔다. 하지만 실제에 있어서 초자아는 검열 기능보다는 조절 기능을 더 갖는다고 할 수 있다. 초자아는 아이로 하여금 생각은 할 수 있지만 실천하면 안 되는 것을 구분하게 해주고, 또한 생각할 수는 있지만 그 생각을 소리내어 말하면 안 되는 것을 판단할 수 있게 해준다. 초자아가 제대로 '기능'을 잘하면 아이는 모든 것을 다 금지할 필요도 없고, 자신에게 모든 것을 다 허락하지도 않을 것이다. 예를 들어 "나는 아빠 대신 내가 아빠 자리를 차지하기 위해 아빠가 죽기를 바라는 생각을 할 수는 있다. 하지만 '정말로' 아빠를 해치기 위해 나쁜 일을 해서는 안 된다." 또한 "아빠가 나쁜 놈이라는 생각을 할 수는 있다. 하지만 나는 그 생각을 소리 높여 말할 수는 없다. 왜냐하면 자식은 부모에 대해 그런 말을 해서는 안 되기 때문이다."

만 6세에서 7세가 되면 아이는 정상적으로 잠복기로 이행하게 된다. 사실 잠복기라는 용어는 그리 적절한 표현은 아니라고 본다. 왜냐하면 이 때에는 충동이 이전 시기보다 적어지고, 성에 관한 질문 또한 그다지 하지 않기 때문이다. 이 연령대의 아이들은 가정 생활에서는 다소 벗어나 외부의 다른 대상에 눈을 돌린다. 대신 성적인 호기심은 또래 친구들 사이에서 풀어 놓는다. 비슷한 움직임으로, 아이는 부모 중 한 명과 맞서려 하기보다는 외부 세계를 탐험해 보려는 시도를 한다. 아이는 어머니나 아버지의 자리를 차지하는 것 말고도 다른 방법으로 성장할 수 있음을 깨닫게 되는 것이다. 또한 아이는 욕구나 충동의 즉각적인 만족을 포기하는 대신 계획을 세우고, 미래에 대해 상상하는 것을 더 즐기게 된다.

□ 베르제 교수의 병례 7: 키아라의 경우

만 4세인 키아라의 부모는 1년 반 전에 이혼을 하였다. 키아라는 어머니에 의해서 심리 면담에 왔고, 오게 된 이유는 얼마 전부터 키아라가 아버지의 집에서 주말을 보내는 동안 어머니에게 전화를 걸어 "엄마, 별일 없죠?"라고 물어보는 것이었다. 어머니 말로는 키아라가 엄마가 자기를 더 이상 사랑하지 않는 것은 아닌가를 걱정하고 있다는 것이었다. 또한 밤중에 잠을 깨서는 꼭 엄마가 옆에 있어 줘야지만 다시 잠이 든다는 것이었다. 키아라가 인형들을 가지고 내가 보는 앞에서 소꿉놀이를 했을 때, 여자아이가 엄마 대신 침대 위에 누워 있었다. 그런 뒤 엄마가 갑자기 화가 나서 들어왔고, 여자아이는 엄마와 아빠 사이에 자리잡으려 하다가 곧바로 아빠 위로 말을 타듯 걸터앉았다. 키아라는 여자아이가 그런 행동을 하는 것은 좋지 못한 것이라면서 죄책감을 표현하였다.

이 경우 우리는 전형적인 오이디푸스 콤플렉스를 상기할 수 있다. 키아라가 어머니에게 전화하는 것은, 자신이 아버지의 집에 있을 때 어머니의 자리를 빼앗고자 하는 욕망을 성취한 것에 대해 어머니에게 죄의식을 느껴서 그런 것이다. 또한 얼마 전부터 아버지가 그녀를 데리러 오는 마지막 순간마다 아버지 집에 가기 싫다고 어머니에게 보란 듯이 말하는 것도 같은 맥락에서 이해할 수 있다. 그런 식으로 키아라는 어머니 없이 단독으로 아버지와 함께 있는 데서 느끼는 기쁨을 숨기려 하는 것이다. 하지만 모든 것이 다 이렇게 단순하게 설명되지만은 않는다.

우선, 이혼이 성립된 지 얼마 되지 않아 키아라가 30개월 정도 되었을 때의 일이다. 키아라의 아버지 V씨는 V부인에게 아무런 말도 없이 키아라를 데리고 2주간의 휴가를 떠났었는데, 거기에서 그는 옷을 하나도 입지 않은 채 키아라와 같이 잠을 잤다고 했다. 그 이유는 "딸아이와의 접촉이 너무나도 그리웠기 때문에"였다. 그는 아직도 가끔씩 그런 행동을 하고 있는데, 지금 사귀고 있는 여자 친구가 자기 집에서 자고 가지 않는 날이면 키아라를 자신의 침대에서 같이 재운다고 했다. V씨는 이성적인 사고를 함에 있어서 매우 엄격한 사람이었는데도 불구하고, 그의 그런 행동이 딸아이의 정서적인 성장에 있어서 심각한 장애를 불러일으킬 수도 있음을 설명하는 내 말에 귀를 기울이려 하지 않았다.

또 지적해야 할 것은, 부모의 이혼 이후 키아라는 자의적인 변비 증상을 보이고 있었는데, 그 증상은 수개월간 계속되었고, 이것도 심리 치료에 오게 된 이유가 되었다. 키아라는 며칠 동안 한 번도 변을 보지 않고 참기도 했는데. 이 증상의 이유를 설명하기는 다소 혼란스러움이 없지 않았다. 어쩌면 키아라는 자신의 일부를 자신과 떼어 놓기를 거부함으로써 헤어짐을, 상실 그 자체를 거부한다는 표현을 하고자 했을지도 모른다. 어쩌면 아기가 엉덩이 쪽에서 태어난다고 생각하는 것과(키아라가 그런 말을 한 적이 있다) 관련이 있는 것은 아닐지? 어쨌든 10여 차례의 면담 이후 이 증상은 사라졌다.

마지막으로, 키아라의 유치원 선생님이 지적한 증상에 대해 언급하고자 한다. 선생님은 매우 걱정스러운 투로, 키아라가 유치원에서 교사가 조금만 언성을 높여도 금세 불안 증세를 보인다는 것을 알려 주었다. 나중에 밝혀진 바로, 키아라의 부모는 키아라를 데리러 상대방의 거처에 들를 때마다 아이를 데려가고 데려오는 날짜와 시간 문제로 매번 매우 큰 소리로 계속해서 말다툼을 하였던 것이다. 면담이 진행되는 동안 내내, 부인은 키아라의 회복을 위해 사회복지사 자격을 가진 제삼자의 중개자를 투입시켰으면 하는 내 제안을 들은 척도 하지 않는 고집불통의 성격을 보여주었다. 비슷한 경우에 제삼자의 존재는 적어도 문제의 아이가 언제, 어느 주말에 아버지 혹은 어머니와 시간을 보낼지에 대해 정확히 알게 하는 데 도움을 줄 수 있다.

키아라의 아버지와 어머니의 성격으로 미루어 보아, 설혹 그 부부가 이혼을 하지 않았다 하더라도 키아라가 오이디푸스 콤플렉스를 정상적으로 '극복'하는 데 있어서 적지 않은 어려움을 겪으리라는 것을 예상할 수 있었다. 하지만 만약 그 부부가 이혼을 하지 않았다면, 적어도 그들은 딸아이의 오이디푸스적 욕망에 균형감을 부여해 줄 수는 있었을 것이다. 이혼 후에 아버지가 딸아이에게 보인 행동은 아이에게 불안한 환상을 불러일으킬 수 있는 현실적인 중압감으로 작용하였다. 키아라는 헤어진 어머니와 아버지의 새 애인 대신 벌거벗은 아버지 옆에서 잠을 자야 했다. 결론적으로 말하자면, 아이가 부재하는 부모의 빈 자리를 자신이 대신 채울 수 있으리라 생각하는 것은 비단 이혼만이 원인은 아니다. 아이에게 나타나는 이상 증세의 근본 원인을 찾고자 할 때는 보다 시야를 넓혀, 부모들에 대한 관찰과 심리 치료가 병행되어야만 한다.

이미 알려진 영역(오이디푸스적 유희)

자신의 초자아를 정비하고, 오이디푸스적 충동들을 극복해 내기 위해서 뿐만 아니라, 조금 더 지난 후에 욕망의 표현이 욕망의 실현을 대체하는 사고 형태로 진보하기 위해서라도, 아이는 안정되고 결속력 있는 부모라는 울타리를 '연습의 장'으로 필요로 한다. 그렇다면 왜 그런 걸까? 어떤 점에서 이혼은 아이가 필연적으로 거쳐 가는 모든 심리적인 실험 과정들에 악영향을 미치는 것일까? 이혼의 경우, 모든 것은 복잡해지고 말할 수 없이 위험스러워진다.

모든 아이들은 어머니에게 아버지와 노는 것이 더 재미있다고 말하기도 하고, 혹은 어머니가 아버지보다 더 좋다고 말하기도 한다. 또 어떤 때에 아이들은 부모에게 말해서는 안 되는 것들을 물어봄으로써 부부간의 애정도를 시험해 보기도 하고, 일부러 모순되는 일들을 들 춰냄으로써 부부 싸움을 유발하기도 한다. 이런 모든 유희는 매우 일 상적이고 평범한 오이디푸스적인 유희의 한 형태이다.

하지만 이러한 유희도 부부의 결합이 평온하고 안정적일 때에만 정 상적으로 전개된다. 만약 부모가 이혼한 상태에서 한쪽 부모에게 "난 아빠(혹은 엄마)와 있는 것이 더 좋아요"라고 말한다면, 일순간 현실 은 중압감으로 느껴지게 되고, 또 다른 갈등의 시작이 될 수도 있다. 그러면 아이는 아마도 이런 대답을 듣게 될지도 모른다. "가! 네 아빠 한테로 가버려! 넌 정말 못된 아이야. 내가 너에게 얼마나 신경을 쓰고 있는데…… 또 네 아빠는 양육비 한번 제대로 준 적이 없는 데 말이 다……." 아이의 머릿속에 있던 생각이 폭력적이고 잔인한 현실이 되 어 버리는 순간이다. 그러면 아이는 살얼음판 같은 상황에 대처하기 위해, 또한 더 큰 파국을 미리 방지하기 위해 자신의 상징적인 유희를 스스로 금지하게 된다. 따라서 아이는 부모를 재결합시키기 위해 엄 청나게 많은 에너지를 쏟아 붓게 되고, 더 이상 부모의 신경을 거슬리 게 하는 공격적인 질문들은 하지 않게 된다. 이런 상태가 오히려 더 위 험하다는 말이다…….

간혹 이혼 이후에 오이디푸스적 유희를 강제로 구속하는 자가 부모 자신일 때도 있다. 이혼 전에는 4,5세 된 딸아이와 자발적으로 요란스 런 춤을 추면서 놀아 주던 한 아버지는——그것은 신체적인 친밀감을 포함하는 행위였다——이혼 이후, 그런 놀이를 그만두고자 했다. 바 로 옆방에 부인이 있다는 사실 때문에 간지럼을 타던 부위가 갑자기 '무덤덤하게' 변해 버린 것이다. 이제는 어떠한 다른 요인도 부모라는 이름의 파트너인 두 사람을 평온하게 만들어 주지 못하고, 부모 자식

간의 놀이도 성적인 유희가 아니라 단순한 유년기의 놀이라고 안심할 수 있게 해주지 못한다. 아들과 매우 친밀한 관계를 갖고 있던 한 어머니의 경우도 마찬가지였다. 남편이 집으로 돌아와 침대에서 남편의 자리를 점유할 것을 알고 있을 때에는 아들과의 스킨십이 크게 문제되지 않았었다. 하지만 이혼 이후 그녀는 일종의 구실이 되어 줄 수 있는 남편이라는 존재가 사라지자 아이와 일정한 거리를 두려고 애쓰는 경향을 보였고, 아들을 말 그대로 어린 아들의 자리에 고이 모셔두고자 하였다. 모든 것이 신중해지고 조심스러워지게 된다. 그럼으로써 무언가는 손해를 보게 되는 것이다⋯⋯.

불꽃놀이!

이혼은 오이디푸스 콤플렉스의 정상적인 전개를 방해할 뿐만 아니라, 그것을 더욱 격화시킬 수도 있다. 어떤 아이들의 경우, 이혼은 그들에게 머릿속의 생각을 현실화시키는 기회를 마련해주기도 한다. 분명 그리 이상적인 상황은 아니지만 말이다. 아버지의 집에서 어머니가 하던 것처럼 똑같이 설거지를 하고, 주방을 책임지고, 다림질을 하는 어린 딸의 모습을 발견하기란 그리 드문 일도 아니다. 아이는 스스로 집안의 '작은 안주인'이 되려는 것이다. 남자아이의 경우도 마찬가지이다. 아버지가 떠난 후, 어머니 옆에서 연장을 들고 설치거나 자동차 이야기를 하는 어린 아들을 심심찮게 볼 수 있다.

이 아이들은 지금까지 그들의 환상 속에서만 일어나던 일들을 현실이라는 범위에서 치환하여 시도해 볼 수 있는 기회를 얻은 것이다. 그런 행동은 아이들을 죄의식에 빠뜨리고, 더 큰 불안감을 초래할 뿐이다. 이혼한 엄마의 침실로 밤마다 자러 와서는 엄마를 사랑한다고 반복해서 말하던 소년이 있었다. 처음에 어머니는 아이의 행동에 큰 걱정을 하지 않았으나, 아들은 점점 더 나빠지기 시작했다. 어느 날 아이는 어머니에게 자신의 꿈 이야기를 해주었다. "제가 다시 아기가 되어서 엄마 품에 안겨 있었는데, 엄마는 저한테 이제 뽀뽀도 해주지 않으려 했고, 늑대가 절 잡으러 오고 있었어요."

이 꿈을 우리는 다음과 같이 해석할 수 있다. 이 남자아이는 어머니의 침대에서 아버지 자리를 차지함으로써 '슈퍼 울트라' 오이디푸스 콤플렉스를 실천하고 있었다. 하지만 동시에 아버지에 의해서 행해질지도 모르는 보복에 대해 큰 두려움을 느끼고 있었던 것이다. 아이의 두려움은 자신을 삼켜 버리러 온 늑대로 구체화되어 나타났다. 하지만 아이는 나름대로의 핑계를 찾아냈다. 즉 다시 아기로 돌아가는 것이다. 늑대는 아이에게 질투심을 가질 이유가 없다. 왜냐하면 자신은 엄마와 함께 잘 수도 있는 작은 아기이고, 하물며 엄마는 이제 더 이상 내게 뽀뽀조차 해주지 않으니까 말이다!

아이가 현실의 경계 쪽으로 넘어서도록 내버려두지 않는 것이 더 바람직함은 분명하다. 아이가 생각만 하는 단계에서 멈출 수 있게 하기 위해서는, 아이가 경계선을 넘으려 할 때마다 그 자리로 돌려보내는 것이 무엇보다도 중요하다. 예를 들어 이성의 부모와 매번 잠자리를 같이하려고 하는 아이가 있다면 저항해야 하고, 단호한 어조로 자기 자리가 아님을 주지시켜야 한다. 아이가 말을 들으려 하지 않고, 그렇게 하는 것이 아이에게 상처를 줄지라도 말이다.

하지만 지나친 염려 때문에 모든 신체적인 접촉을 스스로 금지해 버릴 필요까지는 없다. 신체적인 접촉을 금지하는 것 자체가 그것을 성적인 것으로 인정하는 게 되어 버리므로. 그것은 마치 아이가 실제로 빈 배우자의 자리를 대신하게 될까 봐 두려워하는 것과도 같다. 잠자기 전에 침대에서 같이 노닥거리는 것은 얼마든지 괜찮다. 하지만 잠은 각자 자기 방에서 잘 것!

그 다음엔?

이러한 심리적인 유희의 부재 혹은 잘못된 전개가 장기적으로 어떤 결과를 낳게 될 것인가? 문제가 될 정도의 결핍을 느끼는 경우가 일부 아이들에게서만 국한되어 일어나는 일인지 사실대로 말하자면 정확히 알 수가 없다. 이제 문제를 반대로 한번 생각해 보기로 하자. 일반적으로 오이디푸스 콤플렉스가 성 정체성의 정립에 도움을 준다고 말한다. 그 말에 따라 이혼 가정의 자녀들의 경우 차후에 성 정체성 정립에 결함을 갖게 된다는 결론을 내릴 수 있을까? 성 정체성의 정립에 필요한 실험의 장을 갖지 못했던 아이들은 부모의 이혼으로 자신의 남성적인 혹은 여성적인 특징을 온전하게 정립시키는 데 있어서 어려움을 겪게 될까? 그 어떠한 물음에도 단정적으로 대답할 수는 없다.

당장은, 잠시 동안은 부모의 이혼이 몇몇 자연스런 포기 과정을 더 어렵게 만드는 것이 사실이다. 어린 딸은 아버지를 대상으로 생겨나는 원천적인 욕망을 떨쳐 버리는 데 많은 어려움을 겪는다. 어린 아들 또한 어머니를 상대로 동일한 경험을 하게 된다. 하지만 장기적인 안목으로 볼 때, 일정한 평정이 곧 찾아오게 된다. 여자이든 남자이든 간에 모든 인간은 자기 안에 심리적인 양성성을 소유하고 있기 마련이다. 그 양성성은 자녀에게 일종의 양극화된 정체성의 지침이 되어 준다. 그것에 의해 인간 각자는 자신의 아버지와 비슷한 점을 가지는 동시에, 어머니와 비슷한 점도 갖게 되는 것이다. 따라서 아이는 부모가 서로 떨어져서 살지라도, 부모로부터 각각 남성성과 여성성을 발견할 수 있다.

물론 부모가 함께 사는 경우에 보다 균형 있는 성장을 이룰 수 있는 것은 사실이다. 한쪽에서 부족한 부분을 다른 한쪽이 보충해 줄 수 있기 때문이다. 하지만 이혼은 어쩔 수 없이 그러한 균형에 단절과 위태로움을 부여한다. 예를 들어 이혼한 아버지는 사춘기로 접어드는 딸아이를 위해 혹은 딸아이와 함께 아이의 옷을 사러 가는 것을 힘겨워하게 될 것이고, 이혼한 어머니는 아마도 아들에게 피임 기구 사용에 대해 말해 주는 것을 몹시 부담스러워 하게 될 것이다. 잘 융화된 양성성을 모두 가지고 있음에도 불구하고, 우리 각자는 부족한 점을 느낄 수밖에 없다. 바로 그 작은 부족한 점들을 이혼 전 나의 배우자가 내게 제공해 주었던 것이다.

남성성과 여성성 간의 균형을 보장해 주는 이상적인 '아빠+엄마'라는 부모의 울타리가 없는 아이라 하더라도, 아버지와 어머니가 각각 가지고 있는 고유한 자질만으로도 충분하게 아이는 완전한 성장을 해 나갈 수 있다.

□ 베르제 교수의 병례 8: 주앙의 경우

만 13세인 주앙은 상실감에 빠져 자살 충동까지 가지게 되었다. 아이의 주치의는 항우울제를 처방하였고, 걱정스러운 나머지 심리 치료를 위해 나에게 진료를 의뢰하였다. 기나 긴 공상에 자주 빠져들곤 하던 주앙은 학업을 전혀 계속해 나갈 수가 없었다. 게다가 매우 과민하여 학교에서 누군가 자신에게 조그마한 지적이라도 할 때면 견딜 수 없어 하였다. 친구도 없었고, 급우들은 주앙을 너무 '자기 자신밖에' 모르는 아이로 생각했다. 반면 주앙 자신은 자기를 영화 주인공들과 동일시하고 있었다.

주앙의 부모는 아이가 만 4세 때 이혼하였다. 주앙은 공직에 있는 아버지와 같은 직업을 갖기를 원했다. 주앙은 아버지가 새로운 삶을 살고 싶어 하는 것을 받아들이지 못했다. "아버지가 새 여자 친구를 사귈 때, 나는 내동댕이치고 신경도 쓰지 않았죠"라며 아버지와 지낸 시간을 마치 슬픈 연인들의 이야기처럼 들려주곤 했다. 주앙은 어머니의 새배우자를 기꺼이 받아들였고, 그가 좋은 사람이라고 말했다. 하지만 여기에서 몇 가지 놀라운 점들을 지적해야겠다. 주앙은 어머니에게 아버지에 대해 나쁜 말을 전하면서 거짓말을 했는데, 주앙의 아버지가 심리 면담에 왔을 때 내가 관찰한 바로는 아이가 묘사했던 것보다 훨씬 부드럽고 자상한 사람이었다. 주앙은 이렇듯 어머니에게 자신의 유치한 행동들을 숨기기 위해 거짓말을 했고, 그 결과는 더욱 심하게 악화된 상황을 초래할 뿐이었다.

세번째 면담에서, 이혼 이후 가정이 어떻게 구성되었느냐는 질문에 C

부인은 자신에게는 아들이 자기 삶의 전부라고 대답했다. 그녀는 둘 사이의 긴밀한 애정 관계를 숨김없이 이야기했다. 그녀는 주앙이 한 일은 모두 훌륭한 것으로 생각하였고, 아들의 학교 생활을 시시콜콜 들여다보고 싶어 했다. C씨가 이혼으로 자신을 떠났을 때, 주앙은 즉시 아버지의 자리를 대신 차지했다. 식탁에서, 거실 소파에서 등등, C부인은 그것이 오히려 위안이 되었다. 주앙은 어머니가 그들의 이야기를 내 앞에서 할 때 매우 기쁜 표정을 하고 있었고, 그의 얼굴은 빛이 났다. 주앙이 '좋은 사람'인 새아버지에 대해 질투심을 보이지 않는 것을 이해할 수 있었다. 주앙 자신이 바로 어머니의 진정한 사랑이었으므로.

네번째 면담에서 나는 두 모자가 대기실에서 서로 몸을 기댄 채 마치 연인처럼 앉아 있는 모습을 만날 수 있었다. 주앙은 어른이 되면 매일 점심 식사를 어머니와 함께할 것이고, 결혼을 하더라도 어머니 집 가까이에서 살겠노라고 했다. 우리는 주앙이 오이디푸스 콤플렉스를 겪고 있어야 할 만 4세의 시기에 문자 그대로 '어머니의 연인' 자리를 어떻게 차지하게 되었는지 확인할 수 있었다. 아이의 욕망은 현실 속에 고착되어 버렸고, 그 결과 치러야 할 대가는 상당한 것이었다. 아이는 아버지에게 있어서 자신의 자리를 제대로 찾지 못하였다. 아이 스스로 그것을 바랐음에도 불구하고 말이다. 과연 주앙이 아버지를 자신의 모델로 삼고 의지할 수 있을까? 아니면 어머니의 눈앞에서 지금처럼 아버지를 헐뜯어야 할까? 아이 자신은 도대체 어떤 존재 가치를 갖고 있는 것일까? 자신에 대한 긍지가 그토록 강한 아이에게 친구가 한 명도 없다는 것은 이상한 일이 아닌가? 문제는 지나친 자기애적 긍지 때문에 주앙이 아주 작은 비난이나 공격에도 못견뎌한다는 것이었다. 그것이 바로 주앙이 다른 친구들처럼 학업을 계속할 수 없는 이유였다. 그는 홀

륭하지 않은 아이, 실수도 하고, 지적도 받는 '평범한' 학생이 되는 것을 용납할 수가 없는 것이었다.

이런 맥락에서 살펴보면, 주앙에게 아이의 자리가 아닌 아버지의 자리를 차지해도 된다고 믿게 만든 것은 바로 어머니였음을 지적하고 싶다. 또한 자기 자리가 아닌 곳에서부터 주앙을 벗어나게 해줄 수 있는 사람도 바로 어머니이다. C부인은 자신이 주앙에게 준 어른의 자리가 아들의 정서적인 발달에 문제를 야기한다는 것을 인정해야만 한다. 이 과정은 다소 우회적인 과정을 거친 다음에야 진전을 볼 수 있었다. C부인은 그녀가 어렸을 당시 매우 권위적이고 완고한 아버지 밑에서 성장하였는데, 그는 딸아이에게 자신 이외의 남성에게 관심을 가져서는 절대 안 된다고 교육시켰으며, 그럼으로써 아이가 오이디푸스 콤플렉스를 정상적으로 극복할 수 없게 만들었던 것이다. 따라서 우리는 주앙이 그녀가 자신의 아버지와의 어린 시절의 환상으로부터 만들어진 아이라는 가정을 자연스럽게 해볼 수 있을 것이다. 이로써 우리 이야기는 다시금 부모에 대한 근본적인 치료의 필요성으로 돌아갈 수밖에 없게 된다.

늘상 부재하는 이들에게

아버지, 어머니와 함께 살면서 성장기를 보낼 수 없다는 것은 결코 가볍게 무시할 수 있는 일이 아니다. 하지만 둘 중 한 사람의 부재를 참아내야 한다는 것은 근본적으로 다른 또 하나의 문제이다. 이혼 후에 한쪽 부모가(주로 아버지가) 완전히 아이의 삶에서 사라지는 것은 종종 우리 주변에서 일어나는 일이다. 아버지는 아마도 가끔씩 아이에게 편지나 선물을 보내기도 할 것이다. 혹은 그러다가 아무것도 보내지 않는 날이 오기도 한다. 그러면 아이는 부모 중 한 명만 함께하는 상태로 자신을 정립해 가야 하고, 남은 한 명의 부모가 가진 양성성의 영향하에 있게 될 것이다.

어른들 중에는 아이와 직접적인 접촉을 하지 않으면서, 멀리서 부모로 남아 있는 것이 가능하다고 생각하는 사람들이 있다. 단순히 자신이 아이를 생각하고 있기 때문에 그렇게 여기고 싶은 것이다. 하지만 그것은 오류이다. 아이에게 있어서 진정한 부모는 일상에서 언제나 존재하는, 아이가 부모를 필요로 할 때 곁에 있어 줄 수 있는 존재여야 한다. 지나친 부재는 아버지나 어머니의 기능을 '말소시켜 버린다.' 몇 년이 흐른 뒤에 나타나서 부모로서의 '권리'만을 요구한다면 상황은 호전될 수 없다. 그땐 이미 늦었기 때문에……

□ 베르제 교수의 병례 9: 레아의 경우

여름 한철 동안 N부인은 S씨와 격정적인 사랑의 시절을 보냈다. 그녀는 그에게 푹 빠져 있었지만, 그 사랑이 상호적인 것이 아님을 곧 알아차렸다. S씨는 그녀와의 지속적인 관계를 원하지 않았던 것이다. 얼마 후 그녀는 자신이 임신했다는 것을 알게 되었고, 그 사실을 S씨에게 알렸으나, 그는 아이를 원치 않는다고 대답하였다. 하지만 어쨌거나 S씨는 딸아이 레아가 3개월이 되었을 때 한 번 딸을 보러 왔고, 돌 때 한 번 더 보러 온 이후 거주지를 바꾸고, 연락조차 하지 않게 되었다. 그는 당시에 부모가 될 준비가 되어 있지 않았던 것이다. N부인은 다른 남자와 레아가 11개월 때 결혼을 했다.

　5년이 지난 뒤 S씨는 몇 년간의 선원 생활에 지쳐서 안정적인 가정 생활의 필요성을 깨닫게 되었다. 그는 N부인과 다시 접촉하게 되었고, 그녀는 그가 딸아이를 만나는 것을 허락해 주었다. 레아도 그 만남을 순순히 받아들이는 것 같았다. S씨는 아이를 극진히 대했고, 갈수록 더 자주 아이를 보고 싶어 하였다. 주말마다 아이를 데리고 가서 자신만의 엄격한 교육적 방침을 레아에게 주입시키려 노력하기도 했다. 만약 그와 레아와의 관계가 그동안 죽 계속되어 온 것이었다면 그 모든 것들이 무리 없이 받아들여질 수도 있었을 것이다. 하지만 레아는 그와 만나는 것에 대해 반발하기 시작하였고, 그가 도대체 누구인지를 정확히 알고 싶어 했다. 곧 레아는 그가 자신과 닮았다는 사실을 알아차리기에 이르렀다. 두 사람의 머리색깔과 눈은 동색이었고, 그것이 레아의 마음을 움직였다. 레아에게 있어서 그것은 진짜 아버지를 의미하는 부정할 수 없는 증거였다. 하지만 레아는 그가 다소 엄하고, 차가운 성격을 갖고 있음을 언급하고, 비록 그와 함께 여러 주말 동안 좋은 시간을 보내긴 했지만, 둘 사이엔 무언가 맞지 않는 구석이 있다고 말하기에 이르렀다. 그것은 S씨가 레아를 S씨의 어머니인 할머니 집에만 매번 데려갔기 때문이거나 혹은 아이를 엄하게 다루었기 때문만은 아니었다. 아이의 마음 깊은 곳에는 아버지에 대한 분노가 자리잡고 있었던 것이다. 왜냐하면 그는 어머니가 임신했을 당시 어려운 상황 속에 혼자 버려두었고, 그러다가 불쑥 아이의 삶에 침입하듯 끼어들었기 때문이다.

　레아는 S씨와 함께 면담에 왔을 때 분명하게 자신의 생각을 밝혔다. 그 시간 동안 처음부터 끝까지 레아의 태도는 냉랭하였고, S씨가 들어오고 나갈 때 볼을 맞대고 인사하는 것조차 거부하였다. 레아는 10세였고, 자신의 의사를 명확히 밝힐 줄 알았다. 그녀의 표현에 따르자면, 그들의 상황은 일종의 오해라는 난관에 부딪쳐 있었다. 레아는 아버지가 어떤 사람인가를 아는 것으로 충분하다고 말했다. 아버지의 역할은 그녀를 11개월 때부터 죽 길러 준 어머니의 남편인 지금의 양아버지로 족하다는 것이었다. 그러자 S씨는 레아에게 자신의 이야기를 반복해서 들려주었다. 레아가 태어났을 당시 그는 아버지 역할을 할 준비가 되어 있지 않았고, 그가 어렸을 때 S씨의 아버지가 돌아가신 관계로, 아버지라는 역할이 어떤 것인가를 이해할 수 있게 되기까지 많은 시간이 필요했음을 설명하였다. 여전히 굳은 표정으로 레아는 그를 한 번도 사랑했던 적이 없으며, 그의 집에서 주말을 보내는 동안에도 아버지가 자신을 어머니로부터 빼앗아 왔다는 느낌만 받았을 뿐이라고 대답했다.

레아는 딸의 역할을 하고 싶어 하지 않았다. 이후로 그녀는 매우 뜸하게나마 아버지를 만나는 것조차 거절하였고, 제삼자와 함께 만나는 것도 거부하였다. 만날 약속을 정하고, 그곳에 억지로 레아를 데려가는 것도 소용없는 일이었다. 그럴 때면 레아는 모든 어른들을 난처하게 만들었다. 어떻게 보면 레아의 경우는 입양된 아이들과 유사한 양태를 보이는 것으로 판단된다. 입양된 아이들은 인생의 어느 순간에 자신의 친부모를 만나고 싶어 하다가도, 일단 그들에 대한 어떤 정보를 알게 되면 더 이상 친부모를 만나야 할 필요를 느끼지 않게 된다. 자신의 삶 속에서 타인과의 관계를 맺는 데 엄청난 노력을 기울여야만 했고, 레아에 대해 정신적으로, 또 실제로 적지 않은 공을 들인 S씨에게는 정말 비극적인 상황이 아닐 수 없었다. 하지만 레아는 이미 어머니, 양아버지와 함께 매우 견고한 정서적인 유대감을 구축하고 있었기에 어쩔 수가 없었다. 생물학적인 아버지는 아이에게 동일한 유대감을 주기에는 불충분할 뿐이었다. S씨는 너무 늦게 손을 뻗어왔기 때문에, 현재로서 그가 할 수 있는 유일한 인연이어가기는 '물질적인' 방법밖에 없었다. 그는 매달 레아가 나중에 살 집을 마련하기 위해 일정액을 저축하고 있었다. 또한 그는 딸아이의 이름으로 아파트를 한 채 구입하였고, 현재 그곳을 손질하고 있었다. 이런 것들은 아이에게 아버지가 자신에게 지속적으로 애정을 쏟고 있다는 증거가 되긴 하겠지만, 그에 대한 보답은 아마도 수년이 지난 후에야 겨우 돌아올 수 있을 것이다. 그럼에도 불구하고 S씨는 말한다. "내가 살아 있는 한 나는 그 아이의 아버지이고, 계속해서 나는 그 애를 보기 위해 애쓸 것입니다."

8

내가 그들을 구해 주고 싶어요

간혹 부모 중 한 명이 자신을 이혼에 의해 참을 수 없을 만큼 피해를 입은 장본인으로 여기는 경우가 있다. 그래서 그는 자녀가 자신의 모든 고통을 알아 주기를 바라고, 아이를 자신을 치료해 줄 간호 보조사로 바꿔 놓기도 한다. 우리는 이런 경우를 '고통에 기인한 일종의 테러'라고 부른다. 이것은 아이를 심리적으로 매우 위험한 상태에 처하게 한다. 반대로, 어떤 '전-부부'들은 더 이상의 갈등 없이 마치 친구처럼 지내기도 하는데, 그 속에서 아이의 자리를 가늠하기란 상당히 애매하다.

부모가 고통스러워하는 것을 보는 것은 아이에게는 매우 힘겨운 일이다. 하지만 이혼과 그 이후의 날들에서 아이가 부모의 슬픔을 전혀 접하지 않을 수는 없다. 그렇다면 엄청난 아픔 없이도 모든 이혼이 가져오는 시련을 잘 극복할 수 있는 비결이 있을까? 상대방에게 고통을 주었거나 혹은 '버림을 받았거나' 간에 둘 다 불행한 것은 마찬가지이고, 같이 보낸 좋았던 시절을 그리워하게 될 것은 불을 보듯 뻔한 일이다.

당연한 슬픔

이혼 이후 당분간 아이는 부모가 슬퍼하고, 회의감에 사로잡히고, 암담한 생각에 괴로워하며, 때론 울어서 충혈된 눈을 하고 있는 것을 보게 될 것이다. 그러한 상황은 아이를 당황스럽게 만들고, 아이 또한 불편한 심정이 들게 만든다. 평소대로라면 부모란 항상 강하고 굳건해야지 정상이다. 크고 작은 슬픔에 빠진 아이를 위로하는 것이 부모의 역할일 터인데, 지금 그들은 마치 '바람 빠진 풍선'처럼 있는 것이다……

이러한 '슬픔의 분출'은 부모 자신에게는 그리 심각한 증세는 아니다. 이혼을 겪은 후 실의에 빠지는 것은 당연하고도 정상적인 반응이다. 또한 그것을 자녀에게 완전히 감춘다는 것은 어려운 일일 뿐더러, 아예 불가능하기도 하다. 또한 아이들이란 부모가 숨기고 싶어 하는 감정을 용케도 알아차리는 능력을 갖고 있다. 그렇다면 아이는 자신을 둘러싸고 있는 이 불행한 분위기에 의해 어쩔 수 없이 상처받고 괴로워해야만 하는 걸까?

그것은 부모가 자신의 고통을 어떤 식으로 조절하고 드러내느냐에 달려 있다. 가능한 한 부모 자신이 느끼는 고통의 중량감을 아이에게 쏟아내지 않는 것이 가장 이상적인 대처 방식이다. 주로 다음과 같은 말로 풀어낼 수 있을 것이다. "그래, 엄마(아빠)는 지금 슬퍼. 이혼 때문에 아픔을 많이 느끼는 것이 사실이란다. 내겐 시간이 좀 필요해. 하지만 네가 걱정할 필요는 없단다. 엄마는 곧 회복될 것이고, 새로운 생활 방식을 찾게 될 거야. 어쨌든 네가 해줄 수 있는 일은 없단다. 이건 어른들의 문제이니까. 너는 어린이로서 너의 생활을 계속 하고, 학교에서는 친구들과 잘 어울리면 되는 거야. 엄마의 문제가 곧 네 문제인 것은 아니니까 말이다."

이 말에서 다른 쪽 부모가 가해자의 입장에 있지 않다는 것에 우리는 주목해야 할 것이다. 또한 아이는 슬픔에 빠진 부모를 도와줘야 하는 사람이거나, 구원자의 입장이 아니다. 고통 또한 결코 부인되고 있지 않다. 고통은 그 자리에 그대로 있다. 고통을 숨기려 하는 것은 오히려 아이에게 부모가 거짓말을 하고 있다는 인상을 줄 뿐이며, 부모가 아이를 신뢰하지 못한다는 느낌을 줄 것이다.

솔직한 태도는 오히려 아이에게 안도감을 주고, 더 나은 날이 올 것이라는 희망을 줄 수 있다. 아이는 말할 것이다. "괜찮아. 엄마(아빠)는 이 시련을 극복할 수 있을 거야. 언젠가는 꼭 나아질 거야. 그런 확신이 들어. 게다가 어른들의 일에 끼어들 필요가 없다고 했으니까, 엄마, 아빠 중 누가 옳고 그른지 내가 판단하지 않아도 돼. 사실 내 입장에선 두 분 다 조금씩 잘못한 것 같지만 말이야……."

만약 울음이 그치지 않은 상태에서, 혹은 너무나도 고통스러운 상황에서 아이에게 즉시 '이상적인 대처'를 할 수가 없었다면, 시간이 얼마 지난 후에라도 그것에 관해 설명해 주는 것이 좋다. 만약 아무런 설명도 없이 눈물만 뿌리고 있는 부모 앞에서 아이는 자기 나름대로 전혀 엉뚱한 이야기를 만들어 내어 생각할 수도 있다. 아이의 상상은 아마도 실제 상황보다 더 심각한 상황을 만들어 낼 가능성도 많다.

아이를 인질로 하는 테러 사태

이상적인 대처를 하는 경우보다는 불행하게도 그렇지 못한 경우가 더 많은 것이 사실이다. 그런 경우 아이는 어쩔 수 없이 '고통에 기인한 테러'[5]의 실제 희생자가 된다. 그러한 상황은 부모 중 한 명이 정말로 심각한 상황이어서, 자신의 불행을 순전히 전 배우자의 탓으로만 돌린다거나 끊임없이 상대방을 헐뜯는 경우에 발생하고, 마찬가지로 자녀를 자신의 속내 이야기를 털어놓는 대상으로 삼거나, 유일한 의지가지로 삼을 때 흔히 발생한다. 요약하자면, 이렇게 말하는 것이 그 예가 될 것이다. "네 아버지(어머니)가 나를 버려서 내가 지금 이 모양, 이 꼴로 있는 거야. 이제 그(그녀)는 가버렸으니, 내 곁에서 날 도와줄 사람은 너밖에 없어. 그러니까 너는 항상 내 편이 되어 줘야 한다."

아이는 상대적으로 약한 쪽의 부모 한 명에게로 기우는 경향을 보이기 마련이다. 그런 경우 아이는 정서적인 협박에 의한 포로가 된다. 매우 심각한 질병으로 육체적인 죽음과 가까이 있거나 혹은 자살의 위험 요소를 갖고 있는 부모의 자녀만큼 부모에게 정서적으로 사로잡혀 있는 아이는 또 없을 것이다. 그 결과, 아이는 이제 더 이상 평온한 상태에 있을 수가 없고, 학업을 계속할 수도 없으며, 휴식이나 여가 생활을 즐길 수도 없게 된다. 아이는 오직 아픈 부모 곁에서 밤을 지새우고, 생명을 구하기 위해 돌보아야 한다는 생각밖에 없는 것이다. 한

---

5) 산도르 페렌치(Sandor Ferenzi)에게서 차용한 용어. 산도르 페렌치, 〈어른과 어린이 사이의 언어적 혼란 Confusion de lange entre les adultes et l'enfant〉, in 《정신분석 Psychanalyse》 4, Payot, 1993.

작은 소녀가 친구들과 함께 숲 속을 산책하고 있다. 바구니 속에 알밤을 주워 담으면서 소녀는 말한다. "엄마 갖다드려야지, 우리 엄마 갖다드려야지……." 마치 노래 속 후렴구처럼 아이는 똑같은 말을 반복한다. 소녀는 친구들과의 즐거운 외출을 도무지 즐길 여유가 없다. 자신의 위로를 필요로 하는 혼자 남겨진 가여운 엄마의 모습이 소녀의 머릿속에 가득 차 있었기 때문이다. 그것은 한 아이가 감당하기엔 너무나 큰 책임이다.

또 다른 예를 들어 보기로 하자. 우리는 만 13세 소녀에 대한 진료 의뢰를 받는데, 그녀의 아버지는 이혼 이후 자신의 모든 불행을 전부인의 책임으로 전가하고, 자기가 느끼는 상실감과 원망을 모두 딸아이에게 끊임없이 쏟아내고 있었다. "네 엄마가 우리를 이렇게 궁핍하게 만들고 가버렸어(사실이 아님에도 불구하고). 너도 네 엄마가 네게 한 짓이 얼마나 나쁜지 알겠지?" 그러면서 그는 아이가 자기 몰래 엄마를 만나고 싶어 한다면, 그것은 자신을 배신하는 행동이라는 암시를 주었다. 그런 상황에서 가정복지부의 판사는 어머니와 딸이 서로 만날 수 있도록 판결을 내렸다. 이에 따르지 않을 경우, 아버지는 일정한 제재 조치를 감수해야만 하는 상황이었다. 그렇게 함으로써 그 소녀는 어머니를 만날 수 있게 되었는데, 사실 소녀는 어머니를 여전히 사랑하고 있었지만, 아버지에 대한 '충성심' 때문에 갈등하고 있었던 것이었다. 이제 어머니를 보는 것이 판사에 의해 결정된 의무사항이 되었고, 그것을 지키지 않을 경우 아버지에게 무거운 경제적 손실을 입힐 수밖에 없으므로, 아무런 죄책감 없이 아이는 어머니를 만날 수 있게 된 것이다.

우리는 흔히 아이에게 가해지는 이런 유형의 '인질되기'가 불러일으키는 결과에 대해 잘 인식하지 못하고 있는 경우가 많다. 비로소 우리는 그런 상황이 막대한 정신적 · 정서적인 장애를 초래할 수 있음을 이해하게 되었다. 우리는 부모가 계속 살아갈 수 있도록 도와주는 일 이외에는 다른 어떠한 일에도 집중하지 못하는 아이들을 많이 보았다. 학교에서도 온종일 그런 아이들은 부모가 무엇을 어떻게 하고 있는지를 궁금해한다. 그 중 어떤 아이들은 심각한 정도로 지적 능력에서 떨어짐을 보이기도 한다.

정서적 측면에서의 영향을 살펴보자면, '고통에 기인한 테러'는 아이가 미래에 어른이 되었을.때, 이성과의 관계 형성에서 어려움을 가져올 수도 있다. 이런 사람들은 이성의 존재에 대해 아무런 공격성을 보이지 않고 좋아하게 되기까지 보다 많은 시간을 필요로 한다. 그들은 오히려 파트너를 괴롭히고, 버려두는 것에 더 기쁨을 느낄 수도 있다. 그들이 '커플'에 대해 어떤 이미지를 갖고 있는지가 사실은 의문으로 남아 있다. 아마도 증오와 의심, 모욕만이 가득한 남녀 관계는 아닐지…….

□ 베르제 교수의 병례 10: 피에르와 마린의 경우

J씨는 부인이 떠난 이후 생활해 나가기가 몹시도 괴로웠다. 그의 전부인은 다른 사람과 새 삶을 살기 위해 이혼을 요구한 것이 아니었다. 그녀는 남편의 고약한 성미에 지칠 대로 지치고, 끊임없는 지배 욕구를 더 이상 당해낼 재간이 없었기 때문에 이혼한 것이었다. 그녀는 이혼 전까지 네 아이의 학업을 포함하여, 생활 전반을 잘 꾸려 나갔다. 맏이

는 성인이 되어 독립을 하였기에 이혼 이후의 상황과는 무관할 수 있었다. 남은 세 아이들의 주 거주지는 J부인의 집으로 결정되었으나, 어느 주말 갑자기 찾아온 J씨는 10세 된 셋째와 5세 된 막내를 자기가 데려가겠노라고 말했다. 어머니는 아이들을 떼어놓는 것에 괴로움을 느꼈지만, 상황을 더욱 악화시키고 싶지 않았다. 계속해서 전 남편에게 협상을 제의했지만 거절당했고, 몇 달이 지난 뒤 가정법원의 판사는 전문의의 감정을 의뢰하였다. 우리는 아버지와 함께 간 두 자녀가 매우 완강하게 어머니를 더 이상 보고 싶지 않다고 말하는 것을 보고 적잖이 놀랐다. 큰아이 피에르는 다 함께 살 당시에 어머니가 자신들을 잘 돌봐 주지 않았노라고 증언했다. 어머니는 자기가 싫어하는 음식만 먹으라고 주었고, 매질을 했으며, 아버지가 이미 말한 바 대로 쓸데없는 일들로 외출이 잦아서 집 밖에 있는 시간이 많았다고 말했다. 그것이 바로 어머니 집에서 지내기 싫은 이유 중 하나였고, 어머니가 수상쩍은 외출을 하는 동안 자신은 집을 지켜야 할 것이라고 말했다. 피에르는 이전에 어머니와 함께 보낸 행복했던 시간들은 모조리 잊어버린 듯했다. 우리는 피에르가 어머니와의 관계를 회상하고자 애쓸 때 보여준 태도에 놀라움을 감출 수가 없었다. 아주 어렸을 때는 어머니가 그를 잘 돌봐 주지 않았느냐는 질문에, 피에르는 기억이 안 난다고만 대답했다. 또한 자신들을 보지 못하게 되었을 때 어머니가 슬퍼할 것인지, 혹은 그렇지 않은지에 대해 피에르는 전혀 무관심했다. 왜냐하면 그녀는 나쁜 어머니니까. 피에르는 아버지가 만약 아이들을 빼앗길 경우 자살해 버릴 거라는 말을 들었고, 그 이후 아버지의 정신적 고통에 의해 더욱 강하게 지배당하고 있었다.

막내 마린은 피에르보다는 양면적인 성향을 보였는데, 그래서 더 고통스러워 보였다. 마린에게 어머니와 함께 살고 싶냐고 물었을 때, 아이는 대답하기를 주저하였고, 속으로 갈등하고 있는 것이 관찰되었다. 하지만 결국 아이는 아니라고 대답하였다. 전문의는 아이와 함께 인형으로 소꿉놀이를 하였다. 마린은 작은아이 역할의 인형을 재우기 위해 요람을 흔들면서 큰아이 인형에게 이야기를 들려주고 있는 엄마 역할의 의사 음성을 주의 깊게 듣고 있었다. 마린은 어머니가 두 아이를 정성스럽게 돌보고 있는 장면을 보면서 매우 행복한 표정을 지어 보였다. 마린은 어머니가 예전에 이야기를 들려주던 때를 기억해 냈다. 마린은 몇 번이나 반복해서 매우 걱정스런 말투로, 오빠가 선생님께 뭐라고 대답했는지를 물어보았고, 자신이 오빠의 대답과 다른 대답을 해서 아버지와 오빠를 배신하는 결과를 낳을까 봐 매우 긴장하는 모습이 역력하였다.

우리는 F씨가 자녀들에게 부과한 '고통에 기인한 테러'의 결과를 함께 지켜보았다. 그는 자신의 전 부인을 심하게 비난하고, 자신은 순전히 피해자라는 사실을 강조하였다. 그러한 상황에서 만일 아이들이 조금이라도 어머니에 대해 긍정적인 발언을 한다면, 아버지는 스스로 목숨을 끊는 상황을 만들어 내게 될지도 모르는 일이었다. 마린은 어머니와 함께 심리전문가를 만남으로써 이러한 상황에서 점차 벗어나게 되었는데, 그의 도움으로 모녀 관계가 다시 연결될 수 있게 되었다. 마린은 아직까지 엄마의 손길이 필요한 연령이었기 때문에, 아이들 중 그나마 어머니가 자신들을 잘 돌봐 주었던 때의 기억을 완전히 잊어버리지 않고 있었던 것이다. 게다가 마린은 딸이었기 때문에, 다행히도 자신을 버려진 존재로 설정한 자기애로 똘똘 뭉친 아버지의 상처에 대해 오빠보다 덜 동화된 상태였던 것이다. 반면 피에르가 아버지라는 굴레로부터 벗어날 수 있을지는 미지수였다.

지옥 같은 굴레

아이들이 이런 유형의 굴레에서 뛰쳐나오기란 쉬운 일이 아니다. 문제의 부모가 아닌 다른 한쪽은 적어도 아이의 생각할 수 있는 자유를 존경해 줘야 하고, 건전하고 갈등 요소가 없는 말만을 해주어야 하며, 어떤 것도 억지로 바꾸려 하지 말아야 한다. 문제성 있는 쪽과 비슷한 행동을 하면 안 되고, 아이들을 자신을 위한 도구로 생각해서도 안 된다. 자신을 엄청난 피해자로 생각하고 있는 상대방의 병적 심리에 물들지 말아야 한다. 이런 경우 시간의 역할은 매우 중요하다. 아이들은 사춘기와 청년기를 지난 다음에야 자신이 겪은 상황을 이해할 수 있게 되는 경우가 많고, 그런 다음에야 다른 쪽 부모의 실제적인 가치도 인식하기 마련이다. 하지만 남겨진 부모는 아주 심한 경우에는 오랜 기간 동안 아이들과의 만남이 아예 거부되는 일도 겪을 수 있다. 그런 때에 완전히 포기하지 말고 관계 유지를 위해 구체적인 행동을 실행에 옮기는 것이 매우 중요하다. 예를 들면 아이의 생일 때마다 선물을 보내고——비록 그것이 반송되어 올지라도——아이의 몫으로 은행에 정기적으로 저축을 해두는 것도 좋은 방법이다. 이런 행동들은 아이가 나중에 성인으로 성장해서 그 사실을 알게 되었을 때, 상당히 큰 의미가 될 수 있기 때문이다.

보호 장치

이런 종류의 갈등으로 생기는 피해를 방지하기 위해 캘리포니아 주의 법률은, 아이들의 보호 문제에 있어 부모간의 갈등이 생길 경우, 상대방을 음해하지 않는 부모의 집에 아이들이 거주하도록 법으로 정해 놓고 있다. 왜냐하면 상대방에 대한 중상모략은 '고통에 기인한 테러'의 핵심적인 요소이기 때문이다. 다음의 두 발언은 근본적으로 매우 큰 차이를 갖는다. "네 아버지는 나쁜 사람이야. 나를 버리고, 내가 이 꼴이 되게 만들었어. 이제 내게 남은 거라곤 너뿐이란다." "네 아버지와 헤어진 뒤, 엄마의 생활이 전보다 어려워진 것은 사실이다. 그래서 엄마는 네가 집에서 나를 좀 도와주고, 전보다 조금 더 집안일에 신경 써주었으면 한단다."

두번째처럼 말했을 때는 아이에게 어떠한 굴레도 씌워지질 않았다. 단지 아이는 가정이 새로이 정비되는 것에 당연하게 귀속될 뿐이다. 분명 아이는 조금 더 애를 써야 하고, 다른 아이들보다 조금 빠르게 성장할 것이며, 조금 일찍 자율성을 키워야 할 것이다. 이런 점은 다른 여러 가정에서도 일어나는 일이다. 하지만 어떠한 협박이나 애원의 희생자는 결코 아닌 것이다.

이혼 이후의 생활에서 오는 어려움을 아이와 함께 상의하는 것은 그리 쉬운 일은 아니다. 누군가에게 속내 이야기를 털어놓기 위해선 마음의 장벽을 무너뜨려야 하는데, 정신적인 고독의 기간을 감내해야 하는 상황에서라면 더더욱 쉬운 일은 아닐 것이다. 하지만 지나치게 강요되고, 지나치게 신세한탄적인 털어놓기는 상대방을 비난하는 것과 같이 고통에 기인한 테러의 한 요인이 된다.

우리 아이들의 귀가 어른들의 불행한 이야기를 들어주기 위해 있는 것이 아님을 주지해야 한다. 그런 이야기라면 우리 주변에 다른 가족·친구, 혹은 전문가들이 있다. 심지어 익명성이 보장되는 전화상담 서비스도 있으며, 그곳에서는 모든 옳고 그름의 판단을 배제하고 우리 이야기를 열심히 잘 들어준다.

서로 친구 같은 부모

상대방을 미워하면서 사는 부모들과는 달리, 이혼 이후 친구처럼 지내는 부모들도 있다. "온 세상이 다 아름답고 친절하며, 사람들은 모두 서로 사랑하며 지낸다!" 이것이 바로 이혼 이후 일부의 부모들이 정해 놓은 행동 방침이다. '전 부부'들은 친구 자격으로 계속 만나고, 아이들의 생일이나 크리스마스를 함께 보내기도 한다. 휴가도 같이 못 보낼 이유는 없다. 또한 아이가 살고 있는 위탁 가정에 부모가 찾아와 부모로서의 보호 역할을 교대로 수행하는 것도 간혹 찾아볼 수 있다. 이런 경우 미움이나 원한 같은 것은 없다. 모든 것은 보다 아름다운 세상을 위해 존재할 뿐이므로!

이는 그들이 믿고 싶은 표면적인 상황일 뿐이다. 하지만 진정 그 이면에는 아무것도 없는 것일까? 이혼 이후 계속되는 갈등이 아이에게 미칠 수 있는 나쁜 영향에 대해 지금까지 논의해 왔기에, 이런 종류의 상황, 즉 싸움이 사라진 상황은 어쩌면 모두가 지향해 온 이상향인지도 모른다. 전 배우자와 잘 화합하는 것은 이혼으로 받은 아이의 상처를 완화시킬 수 있으리라는 것은 분명하다. 하지만 전 배우자들간의 화합이 어느 정도까지 가능할 수 있는지에 대해서는 반드시 생각해 보아야만 한다.

휴가를 같이 보내는 것, 즉 전 배우자와 같은 집에서 몇날 며칠을 보낸다는 것이 아이에게 부모님이 서로 화해하고 합칠 가능성도 있다는 불필요한 희망을 갖게 만들지는 않을까, 그래서 아이에게 정신적인 혼란을 가져다 주지는 않을까? 이 점에 관해서는 어떤 전문가도 정확하게 합리적인 대답을 제시해 줄 근거를 갖고 있지 못하다.

하지만 한 가지만은 분명하게 말할 수 있다. 섣부른 판단은 금지라는 것이다. 만약 어떤 커플이 이혼에 적응하기 위해 중간 단계라는 것을 필요로 한다면, 고통을 받아들이기 위한 약간의 시간을 갖는 것이 뭐가 나쁘겠는가? 있는 그대로의 자기 자신으로써, 자신이 할 수 있는 것은 언제 어디서나 뭐든 시도할 수 있으므로……. 하지만 만약, 부모 중 한쪽이 장기적으로 이런 애매모호한 관계에 집착하고, 이혼이라는 사실을 극복하고 받아들이지 못한다면 아이에게 매우 큰 문제가 발생하게 된다. 즉 아이들 또한 간접적으로 이혼을 받아들이지 못하게 되고, 이혼에 필요한 정신적인 작업을 수행하지 못할 가능성이 많게 된다. 이는 분명 경계해야 할 상황이다.

위탁 가정에서도 역시 이러한 한계와 위험에 주의를 기울여야 한다. 이미 깨져 버린 부부라는 끈을 겉으로만 위탁 가정이라는 울타리 안에서 인위적으로 이어붙이는 것이 과연 바람직한 일일까? 위탁 가정이라는 공통의 장소에서 그들 각자가 서로에게 아무런 흔적도 남기지 않으리라고 누가 장담할 수 있으랴? 아주 조금의 친밀감이라도 남기기 마련이다. 이 모든 상황은 점점 더 명쾌하고 확실한 이혼에는 걸림돌이 될 뿐이다.

따라서 우리가 강조할 것은 바로 신중함이 될 것이다. 이런 가까운 친분 관계는 분명 오래 지속되어서는 안 되는 것이고, 그런 상태에서도 아이는 이혼을 명확하게 인식하고 있어야만 한다. 조만간 그들의 관계는 멀어져야만 한다. 흔히 새로운 파트너가 생김으로써 이 과정이 매우 자연스럽게 이루어지기도 한다. 실제로는 모든 것이 다 의문투성이로 남아 있다. 가끔 가족간의 행사 등으로 다 함께 식사를 하는 것은 부모들 서로간의 애정이 완전히 사라지지는 않았음을 의미한다(이혼했다고 해서 애정이 모조리 사라진 것은 아니므로). 휴가를 같이 보낸다는 것은 더더군다나 이혼이 완전히 끝난 문제가 아님을 의미한다. 휴가를 같이 보내는 것은 특히나, 두 사람 모두 심사숙고를 해봐야 할 필요성이 있는 문제이다.

□ 베르제 교수의 병례 11: 마농의 경우

1년간의 심리 치료가 끝난 후, 지금까지 아무런 언급도 하지 않고 있던 만 10세의 마농은 어머니가 어떤 식으로 이혼 이후의 고통을 자신에게 전이시켰는지에 대해 털어놓기 시작했다. F부인의 남편은 그녀를 떠났고, F부인은 편견에 사로잡혀 있었다. 매일 그녀는 마농에게 이제 자신은 결코 행복할 수 없을 것이라고 말하곤 했다. 마농이 말했다. "전 제가 가진 슬픔 이외에 엄마 것까지 지고 가야만 했어요." 또한 마농은 아이가 아버지에 대해 분노를 품었을 때, 어떤 심정인지를 여실히 보여주었다. 그녀는 아버지가 찾아와서 자신과 어머니에게 잘못을 빌기를 바라고 있었다. 어떻게 하면 마농을 이런 상황에서 벗어나게 해줄 수 있을까?

마농의 부모와 각각 개별적인 최초의 면담 시간을 가진 이후 얻어낸 정보에 따르자면, 상담의는 마농에게 그녀의 어머니가 분명 결혼 이전부터 일종의 슬픔에 빠져 있었을 것임을 지적해 주었다. 모든 사람은 다 이혼을 겪게 되면 고통스러워하기 마련이다. 사랑했던 사람과의 관계를 상실하는 것이기 때문이다. 하지만 그 중 많은 사람들이 그것을 극복하고 삶 속에서 새로운 희망을 찾으며, 다시 인생을 설계하게 된다. 만약 그녀의 어머니가 이혼 이후 몇 년이 지났음에도 불구하고 그 슬픔에서 헤어나지 못하고 있다면, 그것은 아마도 이혼이 그녀에게 예전의 어떤 아픈 기억을 상기시켰기 때문일 경우가 많다. 그것은 어린 시절에 사랑받지 못했다는 느낌에서 기인하는 경우가 대부분인데, 그런 문제를 딸아이인 마농에게서 치유받으려 한다는 것은 불가능한 일이다.

다음 면담에서 이 작은 소녀는 이제 자신이 바뀔 것이라는 느낌을 받았다고 말했다. "엄마가 지금보다 더 나아지지 않을 것이란 걸 인정하고 나니까 제 기분이 훨씬 나아졌어요." 10세 아이의 생각치고는 매우 대견한 발전이 아닐 수 없다! 우리는 그 어머니가 전 남편이 아이를 데리러 올 때마다 끊임없이 말다툼을 하는 이유도 이해할 수 있을 것이다. 계속해서 싸움을 하는 부모는 사실 정말로 이혼한 것이 아니다.

마농의 동의하에 몇 가지 원인들을 그녀의 어머니와 함께 상의해 본 적이 있는데, 그때 마농의 어머니는 자신이 불행한 어린 시절을 보냈으며, 마농을 낳고, 커가는 것을 보면서도 실의에 빠질 때가 많았음을 고백하였다. 우리는 이 경우 이혼이 얼마나 더 비극적일 수 있는지를 확인하였다. 왜냐하면 그것이 아이와 어머니에게 옛날의 좋지 못한 감정적인 기억을 환기시켰기 때문이다.

여러 차례의 면담 결과 마농은 어머니의 우울함에서 어느 정도 거리감을 유지할 수 있게 되었다. 하지만 그녀의 어머니는 자신의 상태로부터 벗어나지 못했고, 점점 더 자기 자신 속으로 침잠하여 들어갔다. 반대로 F씨는 전보다 딸아이에 대해 더 신경을 쓰게 되었고, 원래 정해져 있는 방문 횟수보다 자주 아이를 찾아와 운동이나 문화 행사에 데려가곤 하였다. 실제로 마농은 아버지의 집에서 더 잘 지냈지만, 한편으론 슬픔에 잠겨 있는 어머니를 내버려둘 수도 없었다. 이 경우 아이가 더 크게 되면 F씨에게로 가서 살고 싶다는 의사를 직접 표현하게 될 가능성도 무시할 수 없는 일이다.

9
나는 아파요

　이혼 이후 몇 개월간 슬픔의 시기를 보내는 것은 흔히 겪을 수 있는 증상이다. 하지만 전문가의 도움을 필요로 하는 다른 심각한 증상들이 나타나 부모들에게 경종을 울리기도 한다. 특히 정신적인 요인들로 신체에 이상 증세를 보인다거나, 공격적인 행동과 학습에 있어서의 심각한 장애 등을 예로 들 수 있다.

　앞장에서도 수없이 살펴보았듯이, 이혼은 아이에게 결코 대수롭지 않은 일이 아니다. 그러므로 아이가 그에 어떤 반응을 보이는 것은 매우 당연한 일이다. 하지만 도대체 어떤 반응들이 나타나는 것일까? 물론 그것은 아이들 개개인에 따라 다르다. 많은 아이들은 부모의 이혼 이후 수개월간 슬픔의 시기를 겪는다. 이때의 슬픔이란 매우 격하고 오래 지속되는 슬픔이라기보다는 즐거운 순간들 중간 중간에 끼워진 작은 걱정과 울적함의 시간들을 말한다. 그러다가 시간이 지나면 일상 생활과 학교, 친구들이 점점 제자리를 잡게 되고, 슬픔은 서서히 흐려지기 마련이다.

　이런 혼란을 일시적으로 거쳐 가야 하는 아이들을 도울 길은 없을까? 공허한 시선과 즐거워 보이지 않는 표정을 한 아이들, 주말을 지낸 뒤 매번 아빠를 보내기 싫어서 울음을 터뜨리는 아이들, 그런 헤어짐이 아직도 너무나 잔인하게 여겨지는 아이들을 도와줄 방법은 없는 걸까? 그런 아이들을 정신분석가나 정신병리학자에게 데려가서 자문을 구하는 것이 필요할까?

이는 매우 중대한 의문 제기이며, 이에 대한 우리의 대답은 명확하다. 이혼 후에 아이를 의무적으로 정신 치료를 위한 전문가에게 데려가는 일은 잘못된 것이다. 많은 아이들이 그 시기를 혼자 극복해 내고, 대신 정신적인 억압기제를 작동시킨다. 아이들은 자신을 괴롭히는 것들을 잊어버리기를 원하고, 거기에 대해서 어떤 점도 말하고 싶어 하지 않는다. 따라서 그런 아이들을 데리고 전문가를 찾아가 치료한답시고 그들의 상처를 하나하나 후벼 파는 것은 말도 안 되는 일이다. 우리 인간은 모두(아이이든, 어른이든간에) 자신이 원하는 그 무엇을 억압하고, 뛰쳐나오지 못하게 할 권리가 있다.

또한 아이들은 부모 이외에도 자기 주변에 있는 어른들, 즉 친한 친척 어른이나 삼촌, 이모 등에게 자신이 느끼는 감정을 전달하는 능력이 있다. 아이들은 단순히 자신의 말을 들어주고, 자신이 지금 겪고 있는 아픔을 이야기할 수 있는 '친구 같은 증인'을 필요로 할 뿐이다. "네가 정말 힘든 시기를 겪고 있는 것이 느껴진다." 이런 작은 말 한 마디와 경청만으로도 아이들의 슬픔은 많은 부분 사라질 수 있다.

육체가 말할 때

그러나 이혼 가정의 아이가 겪는 불행이 단순한 우울 증세가 아니라 보다 심각한 형태로 드러나기도 한다. 만약 증상이 매우 심각하고

2-3개월 이상 지속된다면, 전문가의 도움이 반드시 필요하다. 하지만 그렇다고 해서 강제적으로 장기간의 치료를 받아야 할 필요는 없다. 실제로 한두 번의 치료 과정을 거쳐서 문제가 해결될 수도 있고, 경우에 따라 여러 차례의 치료를 필요로 하기도 한다.

이혼 이후 정상적인 생활을 하지 못하는 아이들이 보이는 증상에는 어떤 것들이 있을까? 그 중 흔한 것은 신체적인 이상 증세를 보이는 것이다. 육체는 아이가 겪은 정신적인 심각한 혼란을 표현하기 위해 말을 하려 하는데, 이는 특히 아이가 어릴수록 보다 심하게 나타난다. 이러한 육체의 언어는 여러 가지 형태로 드러난다. 예를 들면 이혼 전에는 없었던 이비인후과 쪽의 감염 증세나 복통(가장 흔한 증상)[6] 정확한 원인 없는 정신적·육체적 피로함, 불면증, 용변 가리기의 퇴행 등을 들 수 있다. 이런 증상들은 가족의 평화가 깨어짐에 직면하여 피해자인 아이들이 느끼는 정신적인 장애로, 경우에 따라 부모 두 사람을 아이의 머리맡에 불러들여야 하는 상황을 만들기도 한다.

문제가 되는 행동에는, 부모의 말에 대한 반항이나 심각한 공격 성향, 혹은 범죄 행위도 포함된다. 조르주 메나헴은 부모 사이가 심하게 나쁜 가정에서 어린 시절을 보낸 어른들이 보이는 신체적 장애와 심리 장애에 대한 연구 논문을 발표한 적이 있는데, 그의 연구에서 더욱 주목할 만한 점은, 그러한 장애는 부모가 헤어졌을 때보다 사이가 나쁜 채로 한 가정에서 부부 생활을 계속했을 때 더욱 심하게 나타난다는 점이다.

---

6) 로맹 리버맨(Romain Liberman), 《이혼 앞에 선 아이들 Les Enfants devant le divorce》, P.U.F., 1979.

어쩔 수 없는 열등생?

이혼 이후 학습 장애가 나타나지 않으리라 안심하고 방심한 채 있을 수는 없다. 이혼 이후 자녀들이 그전보다 학업에 더 집중할 수 없을 것이라고 은연중에 암시하면서, 부모들에게 쓸데없는 경각심을 불러일으키려는 게 아니다.

이에 관해 국립인구조사연구소에서 최근에 발표한 〈별거와 이혼: 자녀들의 학업 성적에 미치는 영향〉[7]이라는 제목의 연구는 논란을 불러일으킬 만했다. 그 연구의 결론을 간단히 요약하자면 다음과 같다. "이혼 가정의 자녀가 속해 있는 사회 계층에 상관없이, 부모의 이혼은 자녀의 학업 성취도가 저하되는 것과 깊은 상관 관계를 가진다. 자녀가 성인이 되기 이전에 발생한 부모의 이혼은, 아이들의 학습 기간을 평균 6개월 내지 1년 정도 단축시킨다. 즉 그 기간 동안 아이들은 학교에 다닌다 하더라도 학습에 집중하지 못한다. 이혼은 결코 평범한 것이 될 수 없고, 그 결과 학업 성취도에 미치는 영향은 꽤 오랜 기간 동안 지속된다."

이것은 경종을 울리는 보고이며, 부모들의 어깨 위에 죄책감을 지워 주는 연구 결과이기도 하다. 저자가 또 한 가지 지적하고 있는 바는 다음과 같다. "학업 성취도에서의 문제점이 정말로 부모의 이혼에 기인한 것인지, 혹은 오히려 이혼 전의 부모간의 불화 때문인 것인지

---

7) Paul Archambault, 〈Séparation et dicvorce: quelles conséquences sur la réussite scolaire des enfants〉, in *Populations et sociétés*, n° 379, 2002년 5월.

를 잘 구분해서 생각할 필요가 있다. 가정불화 그 자체가 이미 학업에는 바람직하지 못한 환경을 제공하기 때문이다." 또한 다른 나라에서 행해진 여러 연구물의 결과에 따르면, 학업의 실패는 가정의 형태에 좌지우지되기보다는 오히려 가정 내의 분위기가 더 지배적이라는 것이다. 그러므로 단정적인 결론을 내리기 이전에 신중함이 무엇보다도 절실히 요구된다.

감정에 의한 학습

그러한 차이점을 주지한다 하여도, 아이들이 이혼 이후 학습 장애를 겪는 것은 충분히 가능한 일이다. 새롭고도 고통스러운 상황에 직면하여 보다 더 잘 적응하기 위해 엄청난 에너지를 쏟아 부으면서, 아이들은 일종의 정신적 불능 상태에 빠지게 된다. 이혼 이후 부모 사이의 불화가 지속되는 경우 이러한 불능 상태는 더욱 심화된다. 그런 경우 아이는 양쪽의 상반된 주장을 화합시키고, 어머니에게 아버지에 관한 말을 하면서 실수를 저지르지는 않을까, 혹은 그 반대의 행동을 하지는 않을까 하는 걱정 때문에 어쩔 수 없이 나름대로의 전략과 꾀를 생각해 내게 된다. 학습을 위한 집중 능력과 배움에의 욕망은 이런 유의 잡다한 염려들로 가득 차 더 이상 제 구실을 할 수가 없게 되는 것이다.

어떤 경우, 학습 장애는 보다 심각한 원인을 갖기도 한다. 그 예로 매우 시사적인 한 소년의 경우를 들어 보자.[8] 초등학교 3학년에 다니는 한 소년에게 선생님이 "28+31"의 답이 뭐냐고 묻자, 14라고 대답하였다.

$$28$$
$$+31$$
$$\overline{14}$$

아이의 답은 엉뚱했다. 하지만 아이 나름대로는 합리적인 계산의 과정에 따라 나온 답이었다. 아이는 수직으로 일자리와 십자리를 각각 더하였고, 그런 다음 나온 두 수를 다시 더해 주었던 것이다.

$$2+3=5$$
$$8+1=9$$
$$따라서\ 5+9=14$$

아이는 일차적으로 두 자릿수를 양쪽으로 갈라 놓았다. 자신의 출생 직후 부모가 이혼한 사실을 도저히 받아들이지 못했던 이 소년은 밤마다 아버지와 다시 함께 살 수는 없는지를 어머니에게 물었고, 결국 덧셈으로 나온 두 수인 5와 9를 다시 합친 것이다.

이처럼 일부 아이들에게 있어서 부모의 이혼이 학습 능력에 심각한 영향을 미친다는 것을 확인할 수 있다. 모든 학습은 각 요소들 사이의 관계를 파악하고 종합하는 데 있다. 그런데 일부 아이들의 경우, 그들의 노력에도 불구하고 아버지와 어머니 사이에 연결고리를 찾지 못하게 되고, 의도적으로 두 존재를 함께 묶지 않으려고 애를 쓰게 된다. 두 가지 요소를 나누려고 하면서 동시에 접합시키려 애쓰는 것은 마

---

8) 모리스 베르제, 《인지발달 장애 *Les Troubles du développement cognitif*》, Dunod, 1996.

치 폭풍 전야와도 같은 위험성을 안고 있는 것이 될 수 있다. 아빠와 엄마의 싸움이 그랬던 것처럼 말이다. 우리는 여기에서 아이들이 자신의 감정에 근거하여 학습한다는 것을 알았고, 그 감정이 지나치게 혼란스럽거나 불안한 경우, 학습 장애가 될 수 있음을 확인할 수 있었다.

정리되지 못한 생각들

이혼 이후 학업 성적에 있어서 큰 저하를 보이는 아이들의 경우, 이혼 전 가정이 화목하던 대로 아이의 관심을 돌려놓는 것이 도움이 될 수도 있다. 어떤 경우, 부부 사이가 '나쁜 것'은 그것으로만 끝나는 것이 아니라, 그로 인해 아이에게 체계적으로 사고할 수 있는 든든한 기반을 제공해 주지 못하게 되는 원인이 될 수 있다. 간단히 말하자면 앞으로 살펴보겠지만, 아이가 어딘지 엉성하고 허술한 기반 위에 사고 체계와 상징 체계를 형성해 가게 된다는 것이다.

'균형 잡힌' 가족 내에서 자라는 아이는 부부간의 다정한 시간인 어른들만의 유희나 대화에서 자연스럽게 배제된다. 부부는 지나치지 않은 범위 내에서 아이와 동행하지 않고 둘이서만 영화관에 가거나 친구 집을 방문할 수도 있다. 아이는 또한 젖먹이 시기를 지나고 나면, 바로 부부의 침실에서 쫓겨나게 된다. 그런 시기에 아이는 고독감에 직면하여 몇 가지 질문들을 하게 된다. "내게 허락되지 않은 어른들의 저 기쁨은 대체 무엇일까? 내가 없을 때 엄마, 아빠는 뭘 하실까?" 이런 경우 아이는 그 시기에 필수적인 정신적인 수행에 필요한 자기만의 공간을 갖게 되는 것이다. 즉 자신이 어디서 어떻게 생겨났을까에 대한 환상과 성욕의 원천 등에 대한 환상 등등 말이다.

　모든 인간 존재는 어린 시절 그런 질문들을 해보는 것이 정상이고, 또한 각자 나름대로의 이론을 만들어 내기 마련이다. "어디서부터 삶은 시작될까? 나는 어떻게 만들어졌을까? 남자와 여자는 왜 다르게 생겼을까? 남자들은 성기가 눈에 띄게 있는데, 왜 여자는 없을까? 여자아이들은 그것을 잃어버린 것일까? 엄마, 아빠는 서로 어떻게 만났으며, 어떻게 좋아하게 되었을까?" 아이는 부모들로부터 떨어져 있는 공간과 시간 덕분에 이런 사고들과 성장을 위한 과정들을 자연스레 접하게 되는 것이다. 이것은 학습 능력과 호기심을 위한 근본적인 활동이자 지적 욕망을 구성하는 여러 요소들 중 하나가 된다.

　하지만 일부 가정에서 부모들은 그들 자신이 고독을 이길 능력이 없다는 이유로, 이런 개인적인 시간과 공간에 대한 아이의 권리를 무심코 빼앗아 버린다. 즉 아이가 버려졌다는 느낌을 받을까 봐, 혹은 질투심에 휩싸일까 두려워, 부부간의 내밀한 순간에도 아이를 제외시키지 못하는 것이다. 따라서 가족 전체가 아주 오랫동안 서로 밀착된 관계로 생활하게 된다. 아이가 계속해서 부모 곁에 딱 달라붙어 있는 것이다. 부모와 어쩔 수 없이 떨어져 있는 시간은 오직 부모의 일 때문이거나 혹은 학교에 가는 시간뿐인 것이다. 따라서 아이는 자신에게 아무것도 숨기는 것이 없고, 계속해서 모든 것을 공유하는 부모에 대해 어떤 환상을 가질 만한 혼자만의 공간을 소유하지 못하게 된다. 이런 경우 아이의 사고 활동은 오직 구체적이고 실제적인 것에만 국한되기 마련이다.

　하지만 부부가 함께 잘사는 동안은, 아이가 상상력이 부족하거나 혹은 추상적인 사고 능력이 떨어진다고 해도 그런대로 학교 생활을 해

나갈 수 있다. 하지만 부부 사이가 끝나 버리는 경우, 부재 상태의 사고에 길들여지지 못한 아이는 모든 것이 한순간에 혼란에 빠져 버리게 된다. 아이는 오직 부부가 자신의 앞에서 함께 있으며, 자신과 밀착되어 있는 상황밖에는 모르기 때문이다. 자신의 기원에 대한 생각을 정립하지 못하고 혼자 생각하는 능력을 갖지 못한 것은, 아이의 정체성의 의미가 현실의 결합된 부부라는 커플 위에서만 오직 존재했기 때문이다. 이런 경우 피해 규모는 불행하게도 우리의 상상보다 엄청나다. 이런 아이들은 전문가의 도움을 받기도 사실 힘들다. 왜냐하면 상상력의 부족 때문에 심리치료사와 함께 있을 때, 자신의 걱정거리를 말로 잘 표현해 내지도 못하고, 그림이나 인형놀이의 형태로도 드러내는 데 어려움을 느끼기 때문이다. 또한 부모들은, 흔히 그들 자신도 자신의 부모들에 매우 밀착되어 있는 경우가 많고, 그들 역시 고통을 받으면서도 자신 속에 있는 감정을 잘 드러낼 줄을 모른다.

□ 베르제 교수의 병례 12: 프란츠의 경우

프란츠는 부모가 이혼했을 당시 만 10세였다. 아이의 학업 성적이 갑자기 급락하였는데, 프란츠는 4+3=5, 2+3=6으로 기록하였다. 물론 그전에는 덧셈 계산을 정확히 할 줄 아는 아이였다. 프란츠는 또 학습 중간에 자기도 모르게 하던 것을 멈춰 버리기도 했고, 심지어 거짓말을 일삼고 도둑질을 하기 시작했다.

그의 부모는 매우 복잡한 사연을 가진 관계였다. 두 사람을 번갈아 일정한 만남을 가지면서 나는 프란츠와도 매주 한 번씩 단독 면담을 하였다. 아이의 사고 능력이 약하다는 것이 금세 드러났다. 아이는 사인펜을 그림 그리는 데에 사용할 줄을 몰랐고, 오직 자신의 볼을 두드리는 데에만 사용했으며, 도화지는 곧 비행기 접는 데 써버렸다. 아주 드물게 그림을 그렸는데, 그 또한 매우 인상적이었다. 아이는 자동차나 모터사이클 한 대를 그려 놓고, 그에 대해 아무런 설명도 할 줄을 몰랐다. 내가 그 그림에 대해 질문을 했을 때 아이는 당황해했고, 내가 무엇을 묻는지를 이해하지 못했다. 아이는 자신에 대한 생각이나 자신의 기원에 대한 환상이 무엇인지를 도통 알지 못했다. 내가 프란츠에게 덧셈 숙제를 몇 점받을 것으로 예상하느냐고 물었을 때, 나는 또 한 번 놀랄 수밖에 없었는데, 그 이유는 프란츠가 자신이 만점을 받을 걸로 알았다고 대답했기 때문이다. 그러면 결과를 보고 매우 실망했겠다고 했더니, 프란츠는 그렇다고 대답하였다. 나는 그런 종류의 덧셈은 사실 오래 생각하지 않고도 쉽게 답이 나오는 문제이며, 프란츠가 좋은 점수를 받지 못한 것은 그의 게으름 때문이 아니며, 부모님들의 탓이 크다는 것을 설명해 주었다. 그 말을 들은 프란츠는 처음으로 내 말에 매우 감동을 받은 듯했다. 내가 덧붙여서 프란츠의 정상적인 사고를 방해하는 무엇인가가 있다고 말하자, 아이는 다시 한번 매우 당황하는 빛을 보였다. 그러면서 아이는 자신 속에서 어떤 목소리가 자기에게 계속 이런 식으로 살다보면 완전히 바보가 되어서 직업도 없는 떠돌이 부랑자가 될지도 모른다고 말하고 있다는 사실을 엄마에게 숨기고 있었다고 내게 고백했다.

프란츠는 자신도 모르게 조금씩 복잡한 과정을 밟아가고 있었다. 프란츠의 큰 원칙은 '아무것도 믿지 않기'였다. 프란츠의 정신 세계 중 일부분은 과거에 느껴야 했던 실망감을 다시 경험하게 될까 봐 크게 걱정하고 있었다. 아이는 새로운 미래를 바라면서 절망감을 되풀이해서 느끼느니, 차라리 방랑자가 되는 편이 낫겠다고 생각하고 있었다. 자기 자신을 미래의 술주정뱅이, 거지로 받아들이면 더 이상 실망하고 괴로워할 필요가 없기 때문이다. 하지만 또 한편으로 프란츠는, 나와 그의 부모에게 계속되는 학업 부진과 거짓말, 도둑질로 실망감을 안겨 주고 있었다.

이와 같은 정신 작용은 아마도 그 일부는 프란츠가 부모의 이혼을 겪기 이전부터 진행되어 왔을 것이다. 다만 그것이 겉으로 드러나지 않았을 뿐이다. 그러다가 이혼에 직면하자 실망감은 현실 앞에서 정면으로 튀어나오게 된 것이다. 즉 프란츠는 아버지가 어머니를 배신했고, 아버지는 그 사실을 프란츠 자신에게 숨겼으며, 또한 어머니는 프란츠에게 아버지가 거짓말한 것을 숨기려 하였고, 그 결과 자신이 무시당했다는 데에 큰 실망감을 느끼게 된 것이다. 프란츠가 생각해 낸 첫 해결 방안은 부모가 다시 함께 사는 것이었고, 그럼으로써 자신은 예전의 정신 세계로 돌아갈 수 있기를 바랐다. 하지만 부모는 그것을 거부하였고, 그러자 아이는 어머니에게 나(상담의)와 결혼하여 새로운 결합을 하는 것이 어떻겠냐고 제안하기에 이르렀다.

10

누가 나를 돌봐 줄 건가요?

아이는 나눠 가질 수 있는 재산이 아님은 확실하다. 반대로 아버지와 어머니는 아이의 교육과 정서적인 함양에 대한 책임은 분담해야 한다. 이혼 이후, 조화로운 '공동 부모 역할'을 보장해 주는 이상적인 양육 형태는 없는 것일까? 이 모든 노력은 아이의 연령에 맞는 필수적인 요소들에 유념하면서 실행되어야 할 것이다.

이혼 이후에는 당연히 아이의 거처 문제가 제기된다. 사실대로 말하자면, 매우 오랫동안 아이들은 가정법원 판사들에 의해 대부분의 경우 어머니에게로 맡겨져 왔다. 아버지는 아이들을 2주에 한 번 볼 수 있고, 학교 방학 기간의 반을 같이 보낼 수 있다. 현재 이런 형태가 지배적이라고 볼 수 있다. 85퍼센트에 달하는 이혼 가정의 아이들이 어머니와 함께 살고 있다.[9] 아이에 대한 자신의 입지가 적은 것에 대해 불만을 가지고, 자신의 목소리를 더 자주 내려고 하는 일부 아버지들을 제외하면 말이다. 일부의 아버지들은 아이를 완전히 자기가 맡기를 원하거나 혹은 규칙적으로 생활지를 바꿀 수 있는 방식을 요구하기도 한다. 즉 1년의 반은 어머니 쪽에서, 나머지 반은 아버지 쪽에서 지낼

---

9) 법무부와 국립인구문제연구소에서 실시한 통계자료(1994)에 근거함.

수 있도록 공평하게 나누기를 바란다. 게다가 2002년 3월 4일에 공표된 법률에 의하면, 이런 형태의 보호가 가장 적합한 것으로 인정되었고, 특히 "부모가 아이의 거처 문제로 의견 일치를 보지 못할 경우" 판사가 이 형태를 강제로 이행하게 할 수 있음을 명시하고 있다.

급격히 변화하는 사회

우리 사회는 30여 년 전부터 매우 복잡다단하게 변화해 가고 있다. 사반세기 전부터 우리 사회는 남성적인 것과 여성적인 것에 대한 정의를 새로이 내리려 하고 있고, 남자와 여자는 자신의 자리와 역할에 점차 적응하고 있다. 여성들이 평등을 요구하는 동안 남성들은 여성의 역할과 어머니 역할에 점차 적응하고 있으며, 이젠 그들 안에 있는 여성성을 조금씩 표현해 내고 있다. 그 결과 '아이를 기르는' 아버지들이 점점 늘어나고(기저귀를 갈고, 아기에게 젖병을 물리며, 목욕을 시키고, 병원에 데려가고, 유아원에 아이를 데리러 가는 등의 일들), 그런 일들에서 재미를 느끼고 있다. 따라서 당연히 이혼 시 아이 양육에 관한 아버지들의 요구 사항은 그 기대 수준이 높아지기 마련이다.

일부 잡지에서 명명한 이런 '새로운 아버지들'의 움직임이 있다고 해서, 나머지 다른 아버지들이 이혼 직후 부리나케 꽁무니를 빼는 경향이 있다는 사실을 간과해서는 안 된다. 많은 수의 아이들이 이혼 이후 아버지를 보는 횟수가 점점 줄어들고, 결국엔 아예 아버지와의 소식이 끊기는 경우도 허다하다. 이런 예는 이혼 가정의 4분의 1을 차지할 정도이다.[10] 그런 아버지들은 아버지로 남아 있기에는 평소 아이들과 그다지 친밀하지 못했던 것이 아닐까? 아이들이 지나치게 전지전능한 어머니에게 지배받고 있어서일까? 혹은 이혼 전에도 아이들이 별로 사랑받지 못해서, 아버지에 대한 애정이 옅어지다 못해 아예 없어져 버린 걸까? 이런 물음들에 대해 뭐라고 콕 찍어 단정적으로 대답할 수 없는 것이 사실이다.

이러한 양육에 관한 문제는 단순하게 어떻게 조직하느냐의 문제가 아니다. 이것은 아이가 한편으로는 어머니에 대해, 또 한편으로는 아버지에 대해 애정 관계를 어떻게 정립해야 하는가의 문제인 것이다. 그 애정 관계는 또한 영속적인 것이기에 더욱 중요하다. 따라서 다음과 같은 기본적인 의문이 제기된다. 이상적인 양육 형태, 즉 부모 양측과의 각각의 관계를 보장해 주고, 아이에게 안정감을 심어 줄 수 있는 이상적인 체계라는 것이 과연 존재하는 걸까? 물론 아이가 부모 양쪽을 모두 필요로 한다는 것은 분명하다. 그렇다면 모든 연령대의 아이들에게 어머니와 아버지가 동등한 정도로 필요한 것일까? 아이의 유아기 때에 아버지가 어머니를 대신할 수 있을까, 만약 그렇다면 몇 살부터 얼마까지 그것이 괜찮을까? 아버지가 아이의 눈에 중요한 존재로 보이고, 아이의 세계 안에 분명하게 자리잡을 수 있기 위해 필요한 만남의 빈도는 과연 얼마일까?

사실 갓난아기에서 만 3세 정도의 아이에게 이러한 의문은 집중적으로 해당된다. 이 시기의 아이들은 아직까지 여러 상황에 적응할 수 있는 데 필요한 정신적인 기제들을 정립하고 있지 못하다(특히 만 3세즘의 아이들이 더욱 그러하다). 이러한 문제를 보다 잘 이해하고, 지

---

10) *Ibid.*

나치게 이상적인 방법만을 강요하지 않기 위해 아기가 태어나서 몇 개월 동안 아버지, 어머니와 어떠한 관계를 맺는지에 대해 조금 더 알아보는 것이 좋을 듯하다. 그것에 대해 잘 알게 되면, 아마도 부모는 아이가 꼭 필요로 하는 양육 형태를 보다 잘 이해하고 고려할 수 있게 될 것이다. 이는 곧 지금까지 거의 자동적으로 2주마다 한 번씩 주말에만 아버지를 만나고, 나머지 시간에는 어머니와 지내는 것과, 요즘 많이 행해지는 추세인 일주일은 아버지 집에서, 다음 주는 어머니의 집에서 지내는 '완전 공평' 형태 사이에서 중간적인 '준비 태세'를 갖추게 해줄 것이다. 다시 한번 반복해서 말하는데, 지금 우리의 관심과 주저는 특별히 만 3세 전후의 아이들에 해당되는 것이고, 더 나이가 많은 아이들에게는 적용되지 않는다.

□ 베르제 교수의 병례 13: 다비드의 경우

G부인은 15개월 된 자신의 아들 다비드에 관해 내게 의견을 물으러 왔다. 그녀는 매우 답답한 자신의 심정을 토로하고 싶어 했다. 그녀의 내연의 남편인 X씨는 임신중에 그녀를 떠났는데, 아이가 6개월이 되었을 때 갑자기 나타나서 아이를 돌보고 싶다는 의사를 밝혔다. 아이 아버지의 이러한 심한 변덕에도 불구하고, 어머니는 그가 매주 토요일마다 3시간 동안 집 근처 공원에서 아이와 산책을 할 수 있도록 허락해 주었다. 다비드는 자주 눈살을 찌푸리고, 칭얼거리기도 하고, 잘 알지 못하는 이 사람(아버지) 앞에서 어머니에게 꼭 달라붙어 있었지만, 산책 시간에 그다지 큰 문제는 일어나지 않았다. 하지만 어느 날 아이 아버지

는 다비드가 모르는 장소로 아이를 데려가서 3시간 정도를 보낸 후 아이를 데려다 주었는데, 그날 이후로 아이는 알아볼 수 없을 만큼 변하여 우울한 모습을 보였고, 무기력해 보였으며, 잘 웃지도 않게 되었다. 심지어 밤에는 불면증을 호소하였고, 오후 간식 시간에 아버지와 함께 있을 때에는 간식 먹는 것조차 마다하였다. 또 한 번은 돌아오는 길에 엄마를 손톱으로 할퀴기도 하였다.

얼마 지난 후, 가정법원 판사는 16개월이라는 다비드의 월령을 고려하여, 아이가 22개월이 될 때까지 2주마다 한 번씩 토요일 오후 2시부터 일요일 오후 5시까지와, 여름휴가 기간 동안의 2주를 아버지 집에서 지내도록 판결을 내렸다. 하지만 다비드는 그때까지 한 번도 어머니와 떨어져서 밤을 보내 본 적이 없었다. 아이 어머니와 내가 아이가 밤에 잠을 잘 못 잔다는 이야기를 하고 있던 때에, 바닥에 앉아서 조용히 블록 놀이를 하고 있던 다비드가 갑자기 불안 증세를 보이면서 소리를 지르기 시작했는데, 그것은 매우 주목할 만한 일이었다. 우리가 아이에게 어떠한 관심도 보이지 않았고, 그 이야기를 하면서 아이 어머니가 어조를 높이거나 하지도 않았었는데 말이다. 아이를 진정시키기 위해서 어머니는 상담이 끝날 때까지 무릎 위에 앉히고, 안고 있어야만 했다. G 부인은 아이의 거취 문제에 대해 보다 바람직한 방법을 찾고자 법원에 급속 심리를 청구하였다.

하지만 그녀의 청구는 무시되었고, 아무 변화 없이 예전대로의 판결이 유지되었다. 법정은 "다비드에게서 처치를 필요로 하는 불안 증상이 나타난다 할지라도, 아버지와 어머니가 아이와 함께 전문가의 도움을 받아 공동의 치료를 받는 것이 보다 합리적이라 판단하였고, 그것이 아이가 올바르게 성장하는 데 꼭 필요한 단계라고 생각한다"고 밝혔다.

이러한 판결문은 다른 많은 이혼한 부부들의 경우에서처럼 이 커플에게도 가장 이상적인 판결로 여겨지고, 시행되고 있는 실정이다.

G부인에게서 전해 들은 몇 가지 점들로 미루어 볼 때, 아이 아버지가 아이를 돌볼 만큼 성숙한 사람인지를 확신할 수가 없었다. 하지만 그를 직접 만나 본 적이 없었기에, 뭐라 객관적인 의견을 말할 수는 없었다. 하지만 어쨌든 부모 양측의 심리 치료 전문가가 각각 판결이 내려지기 전에 필요한 처방을 제시해야만 했다. 이는 곧 양쪽 부모의 부모로서의 자질을 평가하기 위함이고, 일반적인 '아버지의 권리' 라는 법률적인 문제로 상황을 더 악화시키지 않기 위함이었다.

2년이 지난 후, G부인은 현 상태를 알려 주러 내게로 왔다. 법원의 판결은 한 번도 제대로 지켜지지 못했고, 아이의 아버지도 그것이 불가능하다는 것을 곧 깨닫게 되었다. X씨가 이틀을 연달아 아이와 함께 보내기 위해 토요일 오후를 아이와 같이 보낸 뒤, 밤에 아이를 어머니 집에 데려다 주었을 때, 다비드는 말이 안 되는 단어들을 계속 늘어놓으면서 2시간 동안 일관성 없는 행동으로 일종의 발작 증세를 보였다. 2주 후, 아이는 아버지와 함께 가는 것을 거부하였고, 아이가 너무 발버둥을 치고 울부짖는 바람에 유모차에 태우는 것조차 불가능하였다. 이런 상황이 꽤 몇 달 동안 지속되었고, 11개월 후 가정법원 판사는 그들의 재심 청구를 받아들여, 향후 10개월 동안 2주에 한 번씩 어머니 집도 아버지 집도 아닌 다른 장소에서 3시간씩 아버지와 아이가 만나도록 판결을 내렸다. 그러한 만남도 아이는 힘들어했고, 그 장소에 억지로 끌려 나갔으며, "넌 못된 아이야"라고 말하는 아버지에게 발길질을 해대기 일쑤였다. 만 3세 반이 된 다비드는 이제 가끔씩 아버지의 집에 가는 것에 동의를 하지만, 항상 좋아하는 것은 아니었고, 그런 사실이 우리 눈에는 건강하지 못한 것으로 보였다.

　이런 상황에 대해 우리는 다음과 같은 의문점들이 생기는 것을 막을 수가 없다. G부인은 아이에게 있어서 아버지의 자리와 역할을 어떻게 생각하고 있을까? X씨 자신은 아버지의 역할이 어떠해야 된다는 것에 대해 어떤 생각을 갖고 있을까? 법원측도 이에 대해 전혀 고려하지를 못했고, 거기다가 실행 불가능한 안을 제시함으로써 참고 가능한 틀이 될 수 없도록 상황을 만들어 버렸다. 다비드는 이제 자신이 만든 법대로 행동하고 있고, 법원측은 판결에 평가를 내릴 수 있는 그 어떤 것도 없으므로 자신들의 판결이 잘못된 것임을 알 수 있는 어떠한 방도도 갖고 있지 않다. 따라서 유사한 사례의 경우 안타깝게도 그들은 계속해서 비슷한 판결을 내릴 것임이 자명해 보인다.

아버지는 결코 어머니가 아니다

　다음과 같은 정의로 시작해 보자. 이 정의는 생각보다 당연한 것으로 여겨지지 않고 있다. "아기에게 있어서 아버지와 어머니는 서로 치환될 수 있는 존재가 아니다. 아기의 정신 세계에서 각각의 부모는 결코 같을 수가 없으며, 각자 뚜렷한 역할을 갖고 있다." 모든 이론적인 입장을 떠나서, 이러한 지식(이것은 분명 하나의 지식이다!)은 수년 간의 연구를 거쳐 정립된 것이고, 이후의 많은 연구들이 그것을 입증해 주고 있다. 우리는 결코 이것을 무시해 버릴 수 없을 것이다. 성별의 차이는 존재한다. 특히 아기들의 머릿속에서는 더욱더 분명하게……. 이는 어른들이 아이가 필요로 하는 것들이 바뀜에 따라 부모로서의 역할을 각각 다르게 행하기 때문이 결코 아니다. 어른들은 수세기 전부터 변함이 없었고, 앞으로도 그럴 것이기에…….

연구자들이 우리에게 가르쳐 주는 것은 무엇인가? 태어나서 몇 개월 동안 아기는 안정된 환경 속에서 양육되어져야 하되, 특히 한 사람, 혹은 두세 사람 정도의 정해진 어른에 의해서 보살핌을 받아야 한다. 아이는 신속하게 이 사람들(대부분 부모이겠지만)에게 애착 관계를 형성한다. 이런 애착 관계는 그 사람들이 자신의 불쾌감을 해소시켜 주고, 배가 고플 때 먹을 것을 주며, 어르고, 만지고, 웃어 주고, 안아 줌으로써 신체적인 접촉의 욕구를 풀어 주고, 또한 그럼으로써 서로 기쁨을 나눈다는 조건하에 형성된다.

애착 관계는 또한 부모가 아기에게 보장해 주는 안전을 기본으로 형성된다. 아기는 부모가 자신의 요구와 필요에 대답하기 위해 항상 곁에 있는지를 확인한다. 아기는 부모가 자기 가까이에 언제나 있다는 것으로, 예상 못한 변덕스러움 없이 한결같은 사랑을 준다는 것으로, 매일 하는 목욕이나 식사, 잠자기 등의 동일한 행동을 매번 반복함으로써 심리적인 안정감을 얻는다. 이러한 끊임없이 반복되는 아이의 필요는 장소와도 밀접한 연관이 있다. 어떤 아기들은 단순히 방 안의 가구 하나를 없앤다거나, 자리를 바꾸는 것만으로도 불안 증세를 보이기도 한다.

물론 아버지도 어머니와 다름없이 아기를 위한 모든 서비스를 해줄 능력이 있고, 양질의 어머니 노릇을 제공해 줄 수 있다. 하지만 문제는 바로 아기이다. 같은 장소에서 같이 살지 않는 두 사람에게 아기가 똑같은 정도의 애착심을 가질 수 있을까? 달리 말해, 아기의 애착 상대 중 한 명이 아기 옆에 없는 상태에서, 다른 한 명이 그 역할을 고스

란히 이어받을 수 있을까? 아기는 과연 어머니 집에서 있을 때와 똑같은 정도의 안정감(아기는 안정감을 반드시 필요로 한다는 것을 우리는 앞서 이미 살펴보았다)을 아버지 집에서도 느낄 수 있을까?

그 물음에 대한 답은 흔쾌히 "그렇다"일 수 없다. 어머니는 아기에게 있어서 다른 어떤 사람들보다(아버지를 포함하여) 가장 안정감을 주는 존재임이 확인된 바 있다. 어머니는 "아기가 가장 선호하는 애착 대상"이다. 우리는 이러한 결과를 아버지와 아기의 관계에 대한 대연구가인 M. E. 램의 조사에서 확인할 수 있다. 그는 1983년 발표한 연구물에서(그 이후로 램의 연구에 대한 어떠한 반박도 없었다) 어머니의 직업상의 이유로 아버지에 의해서 양육된 스웨덴 출신의 아이들이 '낯선' 환경에서 어머니를 더 선호한다는 사실을 밝혀냈다. 예를 들어 낯선 손님이 왔을 때, 아이들은 평소에 자신을 돌보는 시간이 아버지가 훨씬 더 많음에도 불구하고 어머니 곁에서 더 많은 보호와 위안을 느꼈다는 것이다. 이러한 현상은 연구가 진행되는 동안 매우 뚜렷하게 나타났으며, 8개월에서 16개월 사이 아기들의 특징이었다.

따라서 우리의 결론은, 아무리 아버지와 아기와의 좋은 애착 관계가 형성되어 있다 하더라도, 아이는 난처한 상황에서는 어머니의 기본적인 보호막을 더 선호한다.

이 무시할 수 없는 초기 월령 단계 아기들의 엄마에 대한 감성적 '우선권 부여'를 어떻게 설명해야 할까? 어쩌면 그것은 이미 태내에서부터 유전학적으로 결정지어진 것이 아닐까? 의문점은 여전히 남는다. 정신분석학자 위니코트에 따르면, 해답은 아무래도 아기의 탄생에서부터 어머니들이 사로잡혀 있는 일종의 온화한 '집착'에서 찾아야 할 것이다. 그래서 아기가 필요로 하는 모든 것들에 대해 누구보다도 먼

저 대답하고, 이해하는 사람이 바로 어머니인 것이다.

　임신 기간 동안 형성되는 매우 특별한 친밀감 역시 어머니들이 아기에 대해 가지는 남다른 재능과 관련이 있다. 무엇보다도 우리는 이미 태아가 어머니가 강한 감정적 변화를 느낄 때 같이 반응한다는 것을 알고 있다. 자궁 내에서 태아는 더 많이 움직이고, 심장 박동수는 증가한다. 아기가 태어나서도 이러한 어머니와 아기의 유대감은 계속되고, 출산과 수유를 통해 더욱 강화된다. 다른 연구에서 아기들이 엄마의 목소리를 분간해 낸다는 것이 밝혀졌지만 아버지의 목소리는 구별하지 못한다는 것이 발견되었다.

　따라서 아버지들은 아기를 먹이고, 돌보고, 애정을 쏟아 붓는 것만으로 아기가 어머니로부터 떨어져 있을 때 아기에게 '완벽한 안정감 부여자'가 될 수 없다. 그건 어쩔 수 없는 일이다. 무엇보다도 인내심이 필요하다. 아이가 클수록 아이의 정신 세계는 어머니와의 이탈을 점점 오랜 시간 견딜 수 있게 된다. 만 3세 이후부터 아이는 나름대로 잘 구성된 어머니에 대한 이미지를 보존할 수 있는 능력을 갖기 시작하므로, 어머니의 부재로 인해 심각하게 동요되거나 하지는 않게 된다.

아버지는 아기에게 참 좋은 존재이다!

　주의해야 될 점은, 그렇다고 해서 아기의 정서적 형성의 최고 중요 시기인 태어나서 첫 몇 개월 동안 아기에게 아버지가 해주는 특별한 역할이 없다고 말해서는 안 된다는 것이다. 이는 곧 아버지들은 어머니와 다른 중요한 어떤 것들을 수행함을 의미한다. 전반적으로 아버지의 역할은 아기가 세상과 외부 환경을 향해 자신을 개방하는 것을 도와주는 것이다. 반면 어머니의 역할은 무엇보다도 공존적 결합을 통해 신뢰와 안정감을 제공해 주는 데 있다.

어머니가 아기와 매우 감정적인 대화를 공유하는 동안(웃음, 손동작, 옹알거림, 오랫동안의 시선 교환 등), 아버지는 신체적인 교감이나 아기를 자극하는 데 더 치중하는 편이다(아기를 공중에 높이 치켜든다거나, 간질이기 등).

또한 어머니들이 아기가 쉽게 이해할 수 있는 유아어들을 더 선호하는 데 비해서, 아버지들은 아기에게 어머니보다 세 배나 더 어려운 단어들을 사용하는 경향이 있다. 예를 들어 아버지는 나침반을 '나침반'이란 단어 그대로 사용하기를 주저하지 않지만, 어머니는 아기가 이미 알고 있는 사물인 '시계' 등의 단어로 바꿔 생각해 낼 줄 안다. 그 결과, 아기는 자신을 아버지에게 이해시키기 위해서는 정확한 단어를 사용해야 함을 느끼게 될 것이다. 그것은 꽤나 자극적인 요구이다.

아버지가 아기와 놀 때, 아버지들은 종종 쉬운 말을 어렵게 한다거나 해서 아이가 답을 찾아내도록 유도하는 등 짓궂게 굴기를 좋아한다. 이런 종류의 도전을 제시함으로써 아버지는 아이에게 무언가를 할 수 있다는 느낌과 함께, 도전 정신·모험심·극기심 등을 키워 준다. 이런 점 때문에 전문가들은 아버지들을 '모험심의 촉매자'로 분류한다. 아버지와의 놀이가 갖는 재미는 여기에서 끝나지 않는다. 간질이기나 꾸짖음으로 구별되는 아버지와의 시간은 아이가 규칙성을 배우는 기회를 제공하고, 자신의 공격성을 조절할 줄 알게 되며, 후에 또래 집단과 어울리는 데 있어서 쉽게 적응할 수 있는 능력을 부여한다.

또한 재미있는 점은(한 가지만 있는 것은 아니다), 아버지들이 어머니들보다 아이의 이름을 있는 그대로 부르는 때가 세 배나 더 많다는 점이다. 반면 어머니들은 우리 강아지, 우리 공주님, 혹은 다른 애정 어린 별명들을 더 많이 사용하는 경향을 갖는다. 따라서 아버지들이 가진 이러한 역동성 때문에 아버지는 아이가 어머니와 구별되는 한 존재로서 커가는 데 도움을 주고, 어머니로부터 떨어져 나와 하나의 자율성을 가진 인간으로 성장하게 해준다.

덧붙여, 아버지는 아기의 성 정체성 정립에 많은 기여를 한다. 아기는 아버지와 어머니가 다른 냄새를 가지고, 피부 느낌도 다르고, 목소리도 다르며, 자기를 안아 주는 방법이나 그 힘의 차이도 다르다는 것을 점차 알게 되면서, 인간이 두 가지 종류, 즉 남성과 여성으로 나뉘어져 있다는 것을 이해하게 된다.

마지막으로 학습 부분에 있어서, 생애 첫 몇 해 동안 아버지와 빈번한 접촉을 한 아이들은 거의 접촉이 없었던 아이들에 비해 감각 영역에 관한 평가 항목(발음, 눈과 손의 협응력 등)에서 훨씬 높은 점수를 얻었음을 수많은 논문들에서 확인할 수 있다. 아버지와의 접촉이 많았던 아이들은 새로운 상황을 더 좋아하는 것처럼 보였고, 처음 보는 장난감을 접했을 때 그렇지 못한 아이들보다 훨씬 많은 조작 활동을 보여주었다. 또한 어른들에 대한 의존성도 상대적으로 낮았다.

우리는 부모 양쪽이 상호 보완적이라는 것을 이 장에서 살펴보았다. 어머니는 아이에게 안정감을 주고, 아버지는 위험을 무릅쓰도록 아이의 도전감을 고취시킨다. 어머니는 아버지가 아이를 가족이라는 작은 고체에서 벗어나 세상을 향해 나아갈 수 있도록 끌어 주기 위한 믿음직스러운 발판을 제공해 준다. 만약 아이가 항상 불안정한 상태라면, 그 아이는 더 이상 발전할 수가 없다. 그러기엔 너무 걱정이 많기 때문이다. 또한 아이가 앞으로 발전할 수 있게 격려받지 못한다면, 그 아이는 영원히 엄마 치맛자락 속에 안주해 버릴 것이다! 요약하자면, 걸어다니기 위해서는 두 다리가 모두 필요하듯이, 아기는 조화로운 성장을 위해서 어머니와 아버지 두 사람 모두를 필요로 한다.

형편대로 따라가는 양육 형태?

부모 두 사람의 중요성은 이제 확실해졌다. 그렇지만 만약 그 둘이 더 이상 같이 살지 않는다면 어떻게 해야 할까? 이 점을 보다 면밀히 파악하기 위해 무시할 수 없는 자료들을 살펴보기로 하자. 만 2세 이전에 아기가 어머니와 일주일 혹은 그 이상 떨어져 있는 것은, 그리고 그런 상태가 반복되는 것은 아이에게 매우 좋지 못하다는 사실을 확신할 수 있다. 한 달 동안 어머니를 보지 못하는 아기는 어머니를 잃어버린 아기와 같다. 왜냐하면 아기는 아직까지 어머니의 형상을 기억할 능력을 갖지 못했고, 왜 어머니가 자신을 떠나야 하는지 그 이유를 이해할 수도 없기 때문이다. 그러므로 간과될 수 없는 원칙은, 지나치게 길거나 반복적인 어머니와 아기의 헤어짐은 반드시 피해야 한다는 것이다.

동시에, 아버지도 충분히 자주 아기를 돌봐야 하는데, 이는 아기가 아버지를 낯선 사람으로 생각하지 않고 아버지를 자기 생의 일부분으로 받아들이게 하기 위함이다. 게다가 아버지가 자신의 아이가 나날이 성장해 나가는 것을 보고, 아기를 돌보고, 아기와 함께 노는 데서 얻는 기쁨을 막을 이유는 전혀 없다. 아기 옆에서 매일을 보낼 수 없는 데서 오는 고통은 결코 간과되거나 부정될 수 없다.

우리가 제안하는 바는, 아이의 연령에 따라 아버지의 거처에서 지내는 시간을 다르게 세분화시키는 것이다.[11]

0세에서 만 1세까지: 아이는 일주일에 2-3회 아버지를 보되, 매회 시간은 3-4시간으로 하고, 아버지의 집에서 밤을 보내지 않는 것이 원칙이다.

만 1세에서 만 3세까지: 부부간의 합의에 의해, 혹은 아이의 이전 시기에 아버지의 육아 참여가 어느 정도였느냐에 따라, 혹은 아이가 변화를 감수할 수 있는 능력에 따라 이전 시기의 규칙을 강화할 수 있다. 예를 들자면 아이가 아버지의 집에 완전히 익숙해질 때까지 아버지의 거처에서는 잠을 자지 않게 하고, 일주일 내내 아버지를 보지 못하는 때가 단 한 번도 없어야 한다.

만 3세에서 만 5세까지: 2주마다 한 번씩 주말마다 아이가 아버지 집에서 밤을 보내게 한다. 주중에는 반나절 동안의 만남을 가진다. 여름휴가 중 2주 동안 아버지 집에서 지내되, 어머니와의 직접적인 접촉 가능성을 보장해 주어야 한다.

만 5세 이후: 아이가 주변 상황을 파악할 수 있는 사고 능력이 생긴 이후이므로 한 달 이상의 휴가 기간을 아버지와 함께 지내게 할 수도 있는데, 물론 이런 경우는 이전의 양육 상태를 잘 참고해서 결정해야만 한다.

---

11) 이 제안은 T. D. 브래즐턴과 S. I. 그린스판의 저서 《한 아이가 가져야만 하는 것 *Ce qu'un enfant doit avoir*》(Stock, 2001)에서 직접 제시된 것이고, 미국 워싱턴 주의 가정법원에서 쓰이고 있는 사항이다. 브래즐턴과 그린스판은 유아기 연구의 전문가로 세계적인 명성을 갖고 있다.

만 6세 이후나 그보다 조금 이전; 교대로 양육 장소를 바꾸는 형태가 고려되어질 수 있다. 하지만 완전히 공평하게 반반으로 나뉜 양육 조건이 아니어도 괜찮다. 하지만 이런 양육 조건에 있어서 중대한 원칙은, 부모 양쪽의 양육 의지를 유지시키면서, 아이의 일상에서 양쪽 부모 중 어느 한쪽도 배제시키지 않는다는 데 있다.

위험하다, 조심하라!

물론 이 실천안들은 실제로 행동에 옮기기에 매우 까다롭고 쉽지가 않은 것이 사실이다. 어머니는 아기를 아버지와 만나게 하기 위해 일주일에 두세 번, 몇 시간씩 자신의 시간을 조정해야 한다. 또한 휴가를 길게 잡을 수도 없다. 아버지 쪽도 마찬가지이다. 일하는 시간을 조정해야 하고, 일정 기간 동안(아이가 어느 정도 클 때까지) 밤새 아이와 함께 시간을 보내는 것을 포기해야 한다. 하지만 어른이 아이에게 맞추어야지, 아이에게 그 반대의 상황을 강요할 경우, 여러 가지 문제가 발생할 수 있음을 우리는 이미 살펴본 바 있다.

실제로 판사와 부모들에 의해 주로 선택되는 방법은 불행히도 그리 바람직해 보이지 않는다. 아이 양육을 어머니와 아버지가 번갈아 맡는 형태가 만 6세 이후의 아이에게나 가능한 일임을 어느 누구도 심각하게 고려하려 들지 않고 있는 실정이다. 많은 수의 아이들이 실제로 오랜 기간의 떨어져 있음(12개월 된 유아에게 한 달을 몽땅)을 허락한 판결에 의해 비극적인 상황을 감수하고 있으며, 아버지 쪽의 요청에 의해 점점 더 어린 유아들이 이런 고통을 감내하고 있다. 이런 실정은 우리 모두에게 결코 바람직하지 못하다는 것을 어떻게 알려야 할까?

우선 어머니는 아버지 집에서 지낸 뒤 돌아오는 아이가 부리는 모든 투정을 감수해야 한다. 아이는 엄마의 부재가 모두 엄마 때문이라고 생각할 것이기 때문이다. 아이는 일부러 엄마를 쳐다보지 않고, 웃지 않으며, 엄마를 알아보지 못하는 척할 것이다. 간혹 아이가 아버지와 있을 때, 별다른 말썽 없이 조용히 있기도 하는데, 이런 상태를 면밀히 분석해 보면 우리는 곧 알게 된다. 즉 아이는 자신이 제어할 수 없는 불안한 상황 안에서 잠시 수동적으로 받아들이는 것뿐이며, 이후에 어머니가 다시 곁에 있을 때 자신의 고통을 호소하게 되는 것이다.

이때 아버지는 어머니와의 긴 이별을 조장하는 주동자로서, 자기 자신이 아이에게는 종종 침입자로 인식된다는 사실을 깨닫지 못하고 있다. 아버지는 친근한 자와 불안함을 주는 낯선 사람 사이에서 왔다 갔다 하는 존재로 여겨진다. 즉 스스로 아이와의 관계를 악화시키고 있는 격이다. 아버지들에게 시간을 갖고 기다리는 것이 스스로의 존재를 잊혀지게 만드는 것이 아니라, 오히려 자신에게 득이 된다는 것을 어떻게 설득시킬 수 있을까? 시간이 지나면 아버지의 자리를 저절로 찾을 수 있게 되고, 아이들은 아버지를 더욱 필요로 하게 될 것이며, 위태로운 수동적인 태도를 보이면서 어른들을 슬프게 하지도 않을 것이다.

마지막으로 아이의 태도에 대해 이야기해 보자. 심리상담의나 소아정신의를 찾아온 어머니들의 이야기를 들어보면, 그 아이들은 매우 걱정스러운 상태에 있는 경우가 많다. 예전에 없던 분리불안 증세가 나타나고, 우울 증세가 나타나거나 불안감을 호소하기도 한다. 그들의 아이들은 더 이상 어머니와의 떨어짐을 견디지 못하고, 어머니에게 항상 곁에 있어 줄 것을 요구한다고 했다. 또 어떤 아이들은 자기 속으로 침잠하여 말이 없어지기도 하고, 혹은 공격 성향으로 기울기도 한다.

이른 시기의 이혼에 관련된 문제의 전문 이론가들이 지적하기를, 아기가 어머니와의 애착 관계가 완전히 형성되기 이전 시기에 어머니와의 분리가 오랫동안, 그것도 규칙적으로 일어나는 경우, 병적인 불안정과 불안감은 아이의 나머지 인생 동안 매우 지속적으로 자리잡게 된다. 사춘기 시절이나 성인이 되어서도 다시 나타날 수 있다.

2002년 3월 4일자 법령의 적용이 보다 신중하게 실천되지 않는다면(현 상태는 불행하게도 잘 실천되지 않고 있다), 우리는 아이들에게서 새로운 '실험적' 질병을 조만간 발견하게 될 위험에 처해 있고, 그 부정적 파급 효과는 몇 년 만에 가시적인 것이 될 터이다. 이 법령은 종종 그 원래의 의도, 즉 아이가 양쪽 부모와 규칙적으로 친밀한 관계를 유지할 수 있도록 도와주자는 의도에서 벗어나고 있다. 따라서 이 법령을 유용하게, 오직 아이의 이익만을 위해서 잘 이용하는 것은 바로 부모들의 몫이다(물론 판사들의 책임도 있지만). 결코 아이에게 스트레스를 주거나 전 배우자에게 복수를 하는 용도로 이용되어서는 안 된다.

교대로 아이 맡기, 과연 이것이 어른들의 최선책일까?

잠시 교대로 아이를 맡아 기르는 문제로 돌아가 보자. 이런 형태는 만 6세 이전에는 적합지 않다는 것을 우리가 이미 살펴본 바 있다. 그렇다면 어느 정도 큰 아이들에게 이 방법은 만병통치약이 될 수 있을까? 분명 모든 경우에 다 그렇다고 말할 수는 없다. 각각의 아이들은 개인적인 상태와 부모들의 사연, 양육 형태 등에 따라 안정을 찾을 수도 있고, 그렇지 못할 수도 있다.

이러한 양육 방식에 대한 정확한 가치 평가가 최근 몇 년간 학계에서 이루어지지 않았고, 현재도 마찬가지 상태에 있음을 지적하고 싶다. 하지만 최근의 연구물들에서 점차 강조되어지고 있긴 한데, 부모들간의 관계 형성이 무난한 경우, 아이는 아버지와의 관계에서 더 많이 얻는 것이 있고, 그 반대도 마찬가지이다.

일부의 아이들은 6세 이후의 권장된 양육 형태에 매우 만족해하고 있다. 아이들은 분리 불안을 느끼지 않고, 부모 양쪽 중 한 사람을 택해야 하는 갈등에 처하지도 않는다. 만 8세의 한 소년은 엄마에게 이렇게 말했다. "이제 전 일요일 저녁에 아빠를 두고 오는 것이 더 이상 슬프지 않아요. 난 아빠가 우리를 다시 데려다 준 다음 불행해하지 않는다는 걸 알거든요. 아빠는 한 주 동안 우리와 잘 지냈으니까요." 혹은 "아빠는 이제야 우리 담임선생님과 반 친구들 이름을 기억해요. 아직도 아빠와 할 얘기가 너무 많아요."

그다지 흡족하지 못한 아이들은 '가방 아이' 신드롬을 겪고 있기도 하다. 이런 아이들은 "마치 난 내 자신이 아니라, 여기저기 옮겨다니는 여행 가방 같아요"라는 말을 하거나 "그래도 그나마 불행중 다행이라고 봐야죠……"라고 말하기도 한다. 이런 아이들의 경우, 완전 백지 상태이거나 아니면 완전히 검은색의 그림을 보는 느낌이 든다.

교대식 양육 형태에서 성공적인 결과를 얻기 위해서는 최소한의 몇 가지 조건들을 지켜야만 한다. 우선 두 부모의 거주지가 아이가 같은 학교에 다닐 수 있을 정도로 근접해 있어야만 하는 것은 말할 것도 없다. 따라서 전 배우자가 같은 동네에 사는 것 정도는 감수할 수 있어야 하며, 같은 빵집을 애용하는 것도 아무렇지 않게 생각할 수 있어야 한다. 대체로 전 배우자와 정상적이고 평온한 관계를 유지할 수 있겠다는 판단이 선행되어야지만 아이의 교육이나 제반 환경, 친구들, 학교 문제를 거리낌 없이 상의할 수 있다. 실제적인 생활은 더 힘들게 느껴질 수도 있다. 두 집 사이에서 아이들의 소지품 등을 잊고 다니는 일이 종종 발생할 수 있고, 그런 일로 크게 마음 쓰지 않을 줄도 알아야 한다.

전통적인 양육 형태(즉 한쪽에서 맡아 키우는 형태)에 비해서는 상대편 부모와의 만남이 훨씬 빈번한 것이 사실이다. 두 사람 사이의 고통스런 관계가 완전히 끝나지 않은 상태라면, 상처가 다시 벌어질 수도 있을 것이다. 하지만 상대편 부모를 부정하지 않는 것은 분명 아이를 위해 필요 불가결한 조건이다. 만약 한쪽 부모를 모르고 살게 된다면, 그것은 아이에게 심각한 고통이기 때문이다.

마지막으로 결코 무시할 수 없는 경제적인 문제에 대해 언급하고자 한다. 대부분 공평하게 양육 기간을 나누는 경우, 아버지가 아이를 1년 중 반을 맡아 기르기 때문에, 국비로 보조되는 부양료를 받을 수 없게 된다. 하지만 실제 요구되는 양육비는 그다지 크게 절감되지 않는다. 왜냐하면 한두 주일마다 아이들과 함께 지내기 위해서는 좁지 않은 주거 환경을 유지하고 있어야 하고, 아이들이 없을 때에도 늘 난방을 유지해 두어야 하므로……. 또한 매번 여행 가방을 꾸리고, 푸는 번거로움을 피하기 위해 대부분의 생활 용품들을 양쪽 집안 모두 갖추고 있어야 한다. 보라! 이 얼마나 번거롭고 힘든 일인지……. 따라서 교대로 하는 양육 형태는 거듭 재고되어진 후에야 결정되어야 함이 분명하다. 그럼에도 불구하고 이 형태가 성공적으로 이루어진다면, 풍요로움을 안겨 줄 수도 있다. 비단 아이들에게 뿐만 아니라 어른에게도 여유로운 시간을 보장해 줄 수 있고, 보다 자유로운 사생활을 가질 수도 있다. 즉 전통적인 양육 형태의 경우, 어머니가 계속해서 아이에 관한 모든 부담을 다 짊어져야 하기 때문에, 그런 짐을 덜어 줄 수 있는 대안이기도 하다는 것이다. 이는 물론 아이에게서 벗어나 자신의 생활을 즐길 수 있기 위해, 아이들이 상대편 쪽에 가는 날만을 손꼽아 기다리는 그런 상황이 되어서는 안 될 것이다.

□ 베르제 교수의 병례 14: 라파엘의 경우

만 12세인 라파엘의 부모는 아이가 만 4세 반이 되었을 때 이혼하였다. 그 이후로 라파엘은 줄곧 한 달 중 15일은 어머니와, 나머지 반은 아버지와 생활해 왔다. 양쪽 부모는 각각 다른 파트너를 만나 새로운 삶을 꾸리게 되었다. 두 사람 다 아들에 대해 늘 염려하였고, 라파엘이 거처를 옮길 때마다 좋지 않은 기분에 빠지는 문제에 대해 상의하기 위해 함께 나를 찾아왔다. 장장 이틀 동안 아버지 집에서 아이는 어머니의 집을 떠나온 것에 대해 울먹였고, 반대의 경우도 마찬가지였다. 아이는 경직되고 복통을 일으켰으며, 창백한 얼굴에 수심이 가득하였다. 어느 한쪽이 선물을 사주면, 다른 한쪽 부모가 그것을 어떻게 생각할지를 걱정할 정도였던 그 아이는, 덜 고통받기 위해서 5백 킬로미터나 떨어진 곳에 살고 있는 형의 집을 중립 지역으로 선택하고, 그곳에 있는 것을 오히려 더 좋아하였다. 아이는 아버지나 어머니가 자신이 없는 때를 슬픔으로 여긴다고 생각하고 있었다.

라파엘은 한쪽 집에서 머무르는 동안 계속해서 언제 다른 한쪽 집으로 가게 될지 날짜를 센다고 내게 말했다. 아이는 두 가지 가능성 사이에서 끊임없이 주저하며 결정을 내리는 데 점차 어려움을 느꼈다. 예를 들어 레코드점에서 어떤 특정 CD를 사러 갔을 때, 곧 비슷한 다른 CD를 발견하게 되고, 이 두 가지 중 어떤 것을 사야 할지를 몰라 결국엔 아무것도 사지 못하고 나오는 것이었다.

이 경우는 교대로 맡은 양육 형태가 문제되었다기보다, 라파엘의 심적 구조가 더 큰 원인이었다. 라파엘에게 있어서 부모 중 한쪽을 사랑하는 것은 곧 다른 한쪽을 덜 사랑하는 것이 되는 게 문제였다. D씨는 아이가 못 견딜 정도로 심하게 긴장감을 느끼는 것을 줄여 주기 위해 아이의 주 거주지를 어머니 쪽으로 정하는 것도 받아들일 준비가 되어 있었다. 하지만 더 이상 라파엘의 숙제를 봐줄 수 없게 된다는 것에 대해서는 불편한 심기를 드러냈다. 실제로, 라파엘의 부모가 아이의 교육에 대해 상이한 가치관을 갖고 있다는 것이 상황을 더욱 어렵게 만들고 있었다. D씨는 라파엘의 학습을 강요하고 있었는데, 그것이 라파엘의 학업을 도와주고는 있었지만 조금 지나친 감이 없잖아 있었다. D씨가 돌보는 15일 동안 D씨는 그 전 15일 동안 했던 것들을 끊임없이 복습하게 했고, 예습까지도 빠뜨리지 않았다. 반면 D부인은 D씨보다는 아이에게 자율성을 더 많이 부여하였고, 아이가 아버지의 엄격한 다그침에서 한숨 돌릴 수 있는 기회를 제공하였다. 하지만 결정 능력이 없다는 이유로 라파엘은 혼자서는 거의 공부를 하지 못했다.

라파엘의 부모가 마침내 시험적으로나마 라파엘의 거주지를 어머니

쪽으로 결정한 일은 아이에게 매우 중대한 결정이었다. 아이는 고정된 거처라는 틀에 의해 쉴 새 없이 그를 괴롭히던 죄책감에서 조금씩 벗어날 수 있었다. 결정은 라파엘 자신 대신 어른들이 내려 주었지만, 아이는 아버지 집에서 2주에 한 번씩 지내고 돌아올 때에도 슬픔을 느끼는 시간이 줄어들었다. 하지만 라파엘이 훨씬 나아진 생활을 함에도 불구하고 학업상의 문제는 지속되었고, 평균 65점으로 마감한 중학 2학년 과정을 재이수해야만 했다. 학교 문제에 관해 아이는 매우 무기력함을 보였기 때문에, 어떻게 다루어야 할지 아주 난감한 지경이었다. 하지만 그러한 수동성 뒤에는 매우 강한 분노가 숨겨져 있는 것 같았는데, 그 것은 어느 날 라파엘이 칸막이벽을 주먹으로 부숴 버리는 것으로 폭발하였다. 아이는 그런 행동으로 아버지로부터 받은 극도의 스트레스를 표출하려 하였다. 공평성을 유지하기 위해 아이는 어머니에게도 반항하고, 말을 듣지 않았다. 그동안 라파엘은 아버지와 어머니 사이에서 완벽한 공평성을 유지하기 위해 매우 오랫동안 많은 애를 써왔기 때문에 자신을 지탱할 수 있게 해주고, 부모와의 동일시를 가능하게 해주는 부모에 대한 내적인 이미지를 미처 정립하지 못했던 것이다.

아무것도 정하지 않기

양육 방법을 결정하는 데 있어서 가장 좋은 태도는 유연성을 가지고 아이가 우리에게 보내는 신호를 잘 수신하고, 명확한 요구 사항에 잘 호응해 주는 것이다. 아이의 필요에 응하는 것이 항상 최우선이 되어야 한다. 매우 전형적인 예로 사춘기 시기의 아이들을 살펴보자. 인생에서 사춘기는 동성의 부모와 더 많은 시간을 보내고 싶은 마음이 생기는 시기이다. 성적인 동일시의 시기인 이때에, 소녀들은 자기 신체의 변화를 겪으면서 어머니와 함께 지내는 것을 더 편하게 느낄 것이고, 어머니에게 옷 입는 법이나 치장하는 법에 대해 물어볼 수도 있을 것이다. 또한 소년들의 경우, 아버지와 함께 스포츠 경기에 대해 이야기를 하고 싶어 할 것이고, 시골 별장에서 모터사이클을 즐기고 싶기도 할 것이다.

따라서 지금까지 실행되어 온 양육 형태를 재고해 볼 필요가 있을 것이다. 이런 경우 한쪽 부모는 상실감에 빠져 어려운 기간을 보내게 될 수도 있다. 일시적으로 실의에 빠진 부모는 자신이 잘못을 저질렀고, 전 배우자와의 협력 관계가 사라질지도 모른다고 생각하게 될 것이기 때문이다. 판사의 개입은 필수적인 것이 아니다(부모들끼리 합의 하에 양육 형태를 변형해도 무방하다). 하지만 법정의 개입이 유일한 방도가 될 때도 있는데, 그것은 상호간의 합의점을 찾지 못했을 때이다. 갈등을 법정으로 끌고 가는 것은 당연히 어떤 가시적인 결과를 가져올 수밖에 없다. 갈등의 한 중간에 서 있는 사춘기 소년소녀들은 자신의 책임이라는 생각을 어쩔 수 없이 하게 될 것이고, 죄책감을 느끼게 될 것이다.

마지막으로, 양육 형태가 어떻게 실행되든지간에 절대 잊어서는 안 되는 점이 한 가지 있다. 즉 아이에게 있어서 한 집에서 다른 집으로 옮겨다니는 일은 결코 간단한 게 아니라는 점이다. 그것은 단순히 장소의 변화로 그치지 않는다. 그것은 자기 뒤에 부모 중 한 명을 두고 나와야 함을 의미하고, 그로 인한 슬픔조차도 마음대로 드러내지 못함을 의미한다. 이복형제나 자매와 헤어지는 일, 학습 장소가 매번 바뀌는 일 또한 아이들에게는 부담이 된다. 이 모든 것을 참아내기 위해서는 어느 정도의 시간이, 압박을 덜어 줄 수 있는 여유가 필요하다. 그러므로 당신의 아이가 상대방 부모의 집으로부터 돌아왔을 때, 긴장되어 보이고 고통스러워하거나, 공격적이 되거나 혹은 몇 시간, 아니면 하루 이틀 동안 말없이 있을 수도 있다는 것을 받아들여야 한다. 그것은 아이가 그곳에 가 있음으로써 불행하다거나, 혹은 당신의 집으로 돌아와서 불편함을 느끼기 때문이 아니라는 것을 알아야 한다.

□ 베르제 교수의 병례 15: 엘리즈의 경우

24세의 조슬린은 10개월 된 자신의 딸 엘리즈를 어떻게 도와야 할지를 물으러 나에게 찾아왔다. 엘리즈가 태어났을 때, 조슬린 커플은 이미 헤어진 상태였다. 어머니 조슬린은 엘리즈가 태어나자 아버지 S씨에게 연락을 먼저 했고, 아기가 아버지와의 규칙적인 만남을 가져야 할 것이라고 생각했다. S씨는 자기 아버지의 강압에 의해 판사에게 점점 더 많은 시간의 접촉을 요구하게 되었고, 엘리즈가 9개월이 되었을 때부터 S씨는 2주에 한 번씩 토요일 오전 10시부터 일요일 오후 6시까지와, 매주 화요일 오후 4시 30분에서 8시까지 아이를 데려갔다. 처음 주말을 보내고 돌아온 엘리즈는 발작에 가까운 울음을 터뜨렸고, 수 시간 동안 멈추지 않았다. 2주일 후, 이를 감안한 아버지는 화요일은 포기하고 주말에만 아이를 데려갔지만, 아이의 불안감은 사라지지 않았다. 다시 2주 후 S씨는 주말 내내 아이와 함께 지냈고, 돌아온 후 엘리즈는 잠을 자지 못했다. 아버지의 집에서 시간을 보낸 뒤 아이가 겪는 장애를 지켜 본 어머니는 말할 것도 없이 아이가 주말 전체를 아버지 집에서 보내지 않기를 원했다. 나는 S씨에게 그가 아이에게 쏟고 있는 관심을 긍정적으로 강조하면서, 아이의 현 상태에 대해 의논할 것이 있으니 면담을 요청하는 편지를 보냈다. 나는 양쪽 부모에 대해 객관적인 입장을 갖고 있음을 분명히 하였고, 나의 관점은 순전히 아이의 심리 발달에 관한 전문가적인 조언에만 집중될 것임을 밝혔다. 또한 나는 S씨에게 일시적인 조정이 아이에게는 큰 도움이 될 거라는 나의 생각을 강조하였다. S씨는 조슬린에게 자신이 아이의 아버지이며, 학교 방학 기간의 반을 자신에게 아이를 맡게 해준 판사의 결정을 강조하면서 어떠한 변화도 원치 않는다는 대강의 뜻을 밝혔다. 그래서 그는 다음 주말인 금요일 밤부터 다시 아이를 데려가게 되었다.

S씨가 딸아이를 데리러 왔을 때, 그는 아이 어머니와 한마디도 나누지 않았고, 자신의 집에서 엘리즈가 어떻게 지내는지에 대해서도 말해 주지 않았다. 그는 아이가 발을 딛고 있는 두 장소에 어떤 연결 고리를 만드는 것을 허락하지 않았다. 엘리즈는 어머니가 아버지 집으로 자신을 데리고 갔을 때 악을 쓰며 울었고, 돌아왔을 때는 삐진 채 어머니를 쳐다보려고도 하지 않았다. 그것을 보다 못한 엘리즈의 외조부님이 아이를 데려다 주는 일을 맡게 되었고, 그것은 아이가 더 이상 어머니를 미워하지 않기를 바람에서였다. 그러자 엘리즈는 외조부모를 봐도 못 본 체하는 것으로 불만을 표시하였다. 외할머니가 엘리즈에게 아버지가 곧 데리러 올 것임을 말해 주자 엘리즈는 소리를 지르며 반항하였고, S씨의 차로 데려갔을 때 아이는 몸을 뒤로 빼며 공허한 눈빛을 하고 있었다. 어머니는 아이에게 아버지 집에 가는 시간을 언제 알려 줘야 할지에 대해 고민한 결과, 가기 전날 미리 알려 주지 말아야겠다는 결론을

내렸다. 왜냐하면 그것이 너무나 힘든 일이기 때문에 미리부터 괴로움을 줄 필요는 없을 것 같았다.

아버지 집에서 주말을 보내는 것이 3일로 연장되자 엘리즈는 돌아온 후, 자기가 알고 있던 가족들의 얼굴을 잊어버린 것 같다는 투정을 두 배로 더 하게 되었다. 돌아온 후 이틀 동안은 어머니에게 꼭 붙어서 떨어지려고 하지도 않았다. 어머니는 아이가 같은 또래의 사촌들에 비해 현저하게 발달이 빠르다는 것을 알게 되었다. 그것은 아이가 아버지와 어머니 사이의 관계에 많은 걱정거리를 겪음으로써 어쩔 수 없이 이루어진 성장으로, 딱히 바람직한 증세로 받아들일 수는 없는 일이었다. 이러한 맥락에서 이른 성장을 보이는 것은 실상, 아이가 '강제적인 정신적 조숙함'에 어쩔 수 없이 적응한 것으로 보아야 한다(M. 팽). 즉 자신의 성장이 허락하지 않는 보다 복잡한 상황을 이해하기 위해 아이는 그에 적응하고, 매우 빠르게 어른들로부터 떨어져 나와 정신적인 독립을 하게 되는 것이다.

나는 엘리즈가 16개월이 되었을 때 어머니와 함께 아이를 다시 보았고, 어머니 부재라는 부정적 영향을 조금이나마 완화시켜 보려는 시도를 하였다. 나는 엘리즈와 함께 여러 마리의 말이 있고, 한 마리의 아기 망아지가 있는 놀이를 하였다. 어른 말들은 각각 엄마와 아빠를 상징했고, 각기 다른 울타리가 쳐진 마구간에서 지내고 있는 상황을 설정하였다. 나는 망아지가 엄마 말의 우리와 아빠 말의 우리를 왔다 갔다 하면서 느끼는 분노와 오해, 슬픔 등이 드러나는 것을 관찰할 수 있었다. 또한 아이는 왔다 갔다 함으로써 쉽게 잊어버릴 수 있는 가족들의 얼굴과, 자신이 잊혀질지도 모른다는 두려움을 안고 있었다. 그런 뒤 나는 아이 어머니와 외할머니에게 아이가 느낄 수 있는 감정들을 열거해 보라고 했다. 분노, 슬픔, 다음에 어떤 일이 일어날지에 대해 스스로 통제할 수 없다는 데서 오는 무기력감⋯⋯. 이런 감정들은 16개월짜리 아이가 말로 표현해 내거나, 혹은 그 모두를 다 이해하는 것조차 매우 힘든 일이다. 하지만 아이가 그런 감정을 느끼는 것은 분명하고, 따라서 아이의 감정은 분담되어져야 하는 것이 당연한 일이며, 그것이 향후 아이의 정신적 발달에는 매우 중요한 일임이 분명하다. 이런 작업은 아이에게 두 가지 다른 세계를 만들어 낼 것이다. 하나는 어머니의 세계로, 많은 감정이 공유되고 말해지는 세계일 것이고, 다른 하나는 어떤 것들은 언급될 수조차 없는 아버지의 세계가 될 것이다.

나의 중재는 별로 효과를 거두지 못했다. 9일을 아버지 집에서 보낸 후(원래 방학의 반보다 일주일을 더 보낸 것이었다), 엘리즈는 극도로 불안한 상태로 일그러진 표정을 한 채 돌아왔다. 아이가 평정을 되찾게 되는 데 며칠이 걸렸다.

19개월 때 7월 한 달을 아버지 집에서 보내기 위해 출발할 때, 엘리즈는 보기 애처로울 정도로 소리를 질러댔다. 외조부모는 아이가 그 정도로 낙담하는 모습을 예전에 본 적이 없다고 증언하였다.

떨어져 있는 기간이 길고 짧든 간에 헤어짐은 매번 힘든 법이다. 엘리즈는 점점 더 그것을 못견뎌하였다. 아버지의 집에서 무슨 일이 일어나는지는 알 수 없지만, 표면상으로는 나쁜 일이 일어나지 않는 것 같았다. 실제로 그 또래의 아이들은 어른들에게 의존할 수밖에 없기 때문에 어른들에게 웃음 짓긴 하지만, 자신의 감정을 숨길 수밖에 없다. 즉 아이는 자기가 좋아하지 않는 사람에게 자신이 전적으로 의지할 수밖에 없는 상황을 받아들이기엔 너무나 힘들기 때문에, 자신이 그 사람을 좋아한다고 생각할 수밖에 없는 것이다. 이런 아이들은 거짓된 자아를 형성할 가능성이 많고, 그럼으로써 어떤 상황에서도 적응을 할 수는 있지만, 자신이 느끼는 솔직한 감정을 숨긴 채 타인을 기쁘게 하기 위해 애쓰게 되는 위험에 빠지기 쉽다. 반대로 엘리즈와 같은 경우는, 후에 지나치게 다른 사람들을 제어해야 할 필요성을 느끼는 쪽으로 발달할 가능성이 있는데, 이는 자신에게 부과되는 어떤 것들을 참아내지 못하는 데서 나오는 성향이다. 어머니 쪽에서 보이는 관심과 돌봄은 이러한 반복적인 비극을 보완하기에는 역부족이었다. 조슬린이 원하든 원치 않든 간에 그녀는 아이의 눈에 아버지와 공범자로 비칠 수밖에 없기 때문이다. 부적절한 법원 판결로 인해 발생한 문제를 해결해 주는 일정한 장치를 따로 마련해야만 하는 걸까? 그럴지도 모른다. 하지만 그것이 정답은 아니다. 애초에 잘못된 것을 바로잡는 것이 선행되어야 하지 않을까? 또한 심리치료사는 어디까지 자신이 공범자가 아니라고 말할 수 있을 것인가? 이 나이 또래의 아이는 법적인 판결이 무엇인지도 이해하지 못할 뿐더러, 부모 각자의 역할을 분담하는 것도 이해할 능력이 아직은 없다.

11

아버지와 어머니가 새로운 삶을 준비해요

　자녀의 삶에 새아버지나 새어머니를 들어오게 하는 것은 결코 대수롭지 않은 일이 아니다. 그것은 예방책을 필요로 하는 일인데, 그것 자체가 극복해야만 하는 일종의 충격이기 때문이다. 우선적으로 그것은 정신적인 충격인데, 왜냐하면 갑자기 부모가 아이의 눈에 지나치게 성적인 이미지를 가진 존재로 비춰지게 되기 때문이다.

　새로운 삶을 시작하는 것, 그것은 실로 중대한 사건의 전개이다. 그것은 많은 수의 이혼한 사람들의 마음속에 자리잡고 있는 걱정거리인 동시에, 통계상 드러나는 현실이기도 하다. 몇몇 통계 조사에 따르자면 만 35세 이전에 이혼이 성립되었을 경우, 이혼한 2쌍 중, 1쌍이 이혼 이후 5년 안에 새로운 커플을 이루게 된다고 한다. 45세 이후의 이혼인 경우 그 수치는 5퍼센트로 떨어진다.[12] 재혼에 있어서 여성들보다 남성들이 더 흔한데, 남성들은 이혼 여성들보다 23퍼센트나 더 재혼의 기회가 있다. 이혼 이후 10세 이하의 아이를 맡아 기르는 여성의 경우 재혼 상대를 만날 확률은 7퍼센트가 감소한다.[13]

---

12) 클로드 마르탱(Claude Martin; 국립과학연구소(C.N.R.S.) 사회학자), 《이혼 이후, 가족 관계와 그 유약성 L'Après-divorce, lien familial et vulnérabilité》.

하지만 이혼 이후 새로운 애정 관계에 의해 구성되는 이러한 큰 모험을 단순히 몇 개의 숫자 나열로 끝내 버릴 수는 결코 없다. 우리의 관심사는 여전히 그런 상황에 처한 아이에게 있다. '엄마의 애인' 혹은 '아빠의 애인' 출현에 대해 아이는 어떤 반응을 보이게 될까?

역할의 혼란

흔히 논의되어지는 문제는 이혼 이후 아버지와 어머니에게 새로운 삶을 꾸리도록 권유하는 것이다. 특히 아이의 행복을 위해서 그러는 것이 좋겠다는 이유로 말이다. 아이는 분명 외롭고 편치 못한 삶을 사는 부모보다는 행복하고 사랑하면서 사는 부모를 더 선호할 것이다. 일부분 그것은 사실이다. 하지만 이는 지나치게 빠른 결론일 수 있고, 또 문제를 축소하는 경향이 없잖아 있다. 부모-자식 간의 관계 속에 제삼자가 들어온다는 것은 결코 아무런 갈등 없이 일어날 수 있는 일이 아니다. 특히나 재혼하는 당사자가 아이와 보다 친밀하고 끈끈한 애정 관계를 갖고 있는 어머니인 경우, 더군다나 제삼자에게 배당되는 자리는 협소할 수밖에 없을 것이다.

그렇다면 이러한 장애는 어디로부터 오는 것일까? 우선은 심리적인 원인이 먼저인데, 그것은 새로 등장하는 인물의 인격과는 아무런 상관이 없다. 아이는 태어난 직후부터 심리적 작업을 해나가고 있다.

---

13) 국립통계경제연구소(I.N.S.E.E.) 간행물, n° 797, 〈재혼은 남성에게 더 흔하다 Refaire sa vie de couple est plus fréquent pour les hommes〉.

즉 머릿속에서 자애로운 부모의 모습과 성적 이미지의 부모를 결합시키고 받아들이는 작업 말이다. 아이들에게 있어서, 자신을 무릎 위에 앉히고 자상하게 어르고 놀아 주는 부모의 이미지와, 자신을 '만들기' 위해 사랑을 나누고, 그런 이후에도 계속 사랑의 행위를 하는 부모의 모습을 결합시키기란 그리 쉬운 일이 아니다. 아이에게 그것은 상호 공존하기 어려운 모순에 가깝기 때문이다…….

또한 아이는 자신을 불편하게 만드는 성적인 부모에 대한 생각을 억제하기 위해 엄청난 에너지를 소비한다. 사랑 행위를 하는 아빠, 엄마를 생각하지 않으려 하는 것은 아이에게 바람직한 균형을 이루게 할 수 있는 필수적 요소이기도 하다. 그럼으로써 아이는 스스로 느끼는 충동적인 동요로부터 자신을 보호할 수 있고, 아이가 아직까지 감당하기 힘든 자극들로부터 스스로를 지킬 수 있게 된다.

부모가 같이 살 경우, 아이는 이러한 도전에 맞서는 데 큰 어려움을 겪지 않는다. 부모님에 대한 성적인 생각으로 지나치게 방해받지 않기 위해 아이는 나름대로 특별한 생각을 정립하게 되는데, 그것은 바로 자기 부모님은 "다른 연인들과는 무언가 다르면서, 서로 사랑하는 사람들"이라는 설정이다. 그럼으로써 아이는 공원 벤치에 앉아서 키스하는 연인들을 보며 비웃을 수 있게 되고, 밤에 자신이 잠든 뒤, 부모가 비슷한 행위를 할 수 있다는 사실을 무시할 수 있게 된다. 가족 내에서만 부부간의 친밀한 애정 표현을 하는 것은 부모님의 몫이다(또한 부모들도 아이들에 관한 성적인 생각들을 억압해야 하는 것은 마찬가지이다). 하지만 부모 중 한 명이 이혼 이후 자신의 연인을 아이 앞에 데려오게 된다면, 아이에게 있어선 모든 것이 일순간 혼란스러워지게 되는 것이다…….

갑자기 부모는 유혹자가 되거나 유혹당하는 자가 되어 버리며, 아이의 눈앞에서 사랑 이야기의 주인공이 되고, 지나치게 성적인 존재로 돌변한다. 여기에서 아이가 몇 년 전부터 억압하려고 무진장 노력해 오던 모든 문제들이 불거져 나오게 된다. 그것도 매우 안전하지 못한 환경 속에서 말이다. 왜냐하면 자신에게 생명을 준 부모 두 사람의 애정 문제가 아니기 때문이다. 부모 두 사람은 틀림없이 사랑 행위를 했을 것이다. 그건 이미 예상하고 있던 바다. 그러므로 더욱 걱정스럽다는 말이다. 아이는 부모가 아닌 있는 그대로의 성과 직면해야 하는 상황이고, 격한 자극을 완화시켜 줄 부모라는 자애로운 기능이 결여된 상태이기 때문이다.

이런 모든 이유들로 인해, 새로운 자신의 파트너를 아이에게 소개시키기 전에 충분한 시간적 여유를 가지는 것이 매우 중요하다. 또한 그 사람과 진정 안정된 애정을 기반으로 새로운 삶을 꾸려 가겠다는 의지가 확고히 정해진 상태에서 아이에게 소개시켜야 함은 말할 것도 없다. 그렇지 않다면, 아이에게 부모의 애인을 줄줄이 늘어세워 보여 주는 결과밖에는 안 될 것이다. 그런 경우 아버지나 어머니의 성적인 이미지는 지나치게 아이를 짓누르게 되고, 반면 부모로서의 이미지는 점점 상실될 것이다. 애인 만들기에 몰두하는 아버지와 어머니, 그러면서 자식들에게 부모로서의 위상을 점차 잃게 되는 것이다. 이는 모두에게 해로운 상황이 될 뿐이다.

소개에서 지켜야 할 규칙

그렇다면 새로운 사람을 아이에게 어떤 방식으로 소개시키는 것이 좋을까? 이미 결정된 상황 앞에 아이를 처하게 하지 않는 것, 그것은 불문율이다. 아이에게 '친구'나 '동료' 한 명이 집에 와서 주말을 같이 보내게 될 것이라고만 말하고, 그에 관한 다른 부연 설명이 없었던 상태에서, 그 사람과 부모 중 한 명이 서로 손을 맞잡고, 입맞춤을 하며, 같은 침대에서 잠을 자는 것만큼 아이에게 더 폭력적인 일도 없을 것이다. 아이는 그런 상황을 진정한 배신으로 여길 수도 있다. 아이에게 사전에 미리 반복해서 그 사람에 관해 언급해 두는 것이 절대적으로 필요하고, 만나기 이전에 이미 다소 친숙한 생각이 들도록 준비하는 것이 무엇보다도 요구된다.

그렇다고 해서 아이에게 의견을 묻는 것은 섣부른 행동이다. "나의 새로운 애인을 만나는 것이 괜찮겠니?"라고 아이에게 물어서는 안 된다. 부모의 애정 생활을 지휘하는 것은 아이의 일이 아니기 때문이다. 그런 상황은 아이에게 매우 부담스럽고 해로운 전지전능의 자리에 있도록 강요하는 것과도 같다. 아이에게 예고는 해주되, 선택권을 주어서는 안 된다. 부모가 선택한 사람이 아이의 삶에 들어올 것임을 알리고, 그 상황을 받아들일 수 있게 도와주어야 한다.

물론 이런 첫 대면이 성공적일 것임을 보장하는 것은 그 어디에도 없다. 오히려 새로 오는 사람의 좋은 인상과 선물, 받아들여지고 싶다는 강한 의지에도 불구하고 그는 침입자로 여겨질 것임이 당연하고, 그럴 가능성이 농후하다. 어쨌든 그 사람은 아이의 머릿속에선 아빠 혹은 엄마를 훔쳐간 도둑이기 때문이다. 또한 그 사람은 엄마 혹은 아빠의 빈자리를 차지할 것이고, 그것은 아이에게 고통이 되기 때문이다. 아이에게는 그 사람에게 호감을 보이는 일이 자기 아버지나 어머니에 대한 배신으로 여겨질 것이다. 더욱 나쁜 것은, 그 사람은 종종 아이가 "오이디푸스 콤플렉스를 아무런 방해 없이 극복해 나가는 것"을 방해하는 자로 여겨질 것이기 때문이다. 이혼 이후, 아빠 옆에서 엄마의 후계자로서 엄마를 대신하고 있던 딸아이는 어디에서 온지도 모르는 이 경쟁자를 매우 심술궂은 눈길로 바라볼 것이다. 동일한 싸움이 남자아이와 미래의 새아버지 간에도 일어나게 된다.

이혼한 부모의 모든 아이들은 고통스러운 과거를 겪었고, 아직도 생생한 상처를 갖고, 부모의 실패에 대한 중압감을 안고 살아간다. 이 모든 기억들을 되새김질하게 해줄 누군가가 아이의 삶에 등장하는 것을 달가와 하지 않는 것은 매우 당연한 일이다. 결과적으로 새로운 부모는 굳이 차지할 수 있는 자리가 없다고 말하지는 못하겠지만, 매우 협소한 공간에 겨우겨우 짐을 풀어 놓아야만 하는 입장임은 분명하다.

보람 없는 자리인 새로운 부모

아이가 어른의 개인적인 애정 생활에 지나치게 개입하게 내버려둔다거나, 새로운 관계를 위험에 빠뜨릴 수 있는 공격적인 행동을 하게 방치해서는 안 된다. 따라서 아이와 새로운 연인이 서로 잘 못 지낸다고 해서 모든 것을 포기해서는 안 된다. 하지만 새아버지나 새어머니와 아이의 융합을 보다 용이하게 하기 위해 더 해야 할 노력들은 아직도 많다.

아이에게 충격을 주지 않고, 어떠한 도발적인 선동도 하지 않겠다는 강한 의지를 가진 새로운 부모는 그나마 희망적인 상태이다. 다음과 같은 말은 아이에게 특별한 자유로움을 부여해 줄 수 있다. 그렇다고 해서 아이를 보자마자 정해진 순서처럼 해줘야 한다는 것이 아니라, 가장 적당한 때라고 생각되는 시기에 다음과 같이 말하라. "나는 내가 나타남으로써 네가 겪을 어려움을 이해한단다. 내 입장에서는 너를 사랑해 주고 싶은 마음이 아주 많아. 왜냐하면 너는 내가 사랑하는 사람의 아이이기 때문이지. 하지만 너는 나를 억지로 좋아할 필요는 없단다. 나는 원래 너의 가족이 아니니까 말이야. 나는 진짜 너를 낳아 준 어머니(아버지)가 아니지 않니." 이런 말을 들은 아이는 '의무적인 호감'에서 해방되어, 어느 정도 중압감을 벗어던질 수 있게 된다.

새로운 부모의 역할은 우리 사회에서 매우 보람 없이 허망하게 실행되고 있는 것이 사실이다(현재 이런 입장에 있는 사람들은 프랑스에서 1백만 명이 넘는다).

주로 행해지는 오류는 권위적으로 행동하는 경우이다. 그럴 경우 백이면 백 모두 실패한다. 재혼으로 얻어진 자녀의 교육에 지나치게 관여하는 새 부모는 기름을 들고 불로 뛰어드는 격이다. 새로운 부모는 상대편 자식의 교육 문제에 대해 관여할 권리가 없다. 그것은 아이의 친부모 몫으로 남아 있고, 앞으로도 그럴 것이다. 개입할 때마다 새로운 부모는 다음과 같은 말을 들을 것이다. "내 진짜 아버지(어머니)도 아니면서 그런 말할 자격이나 있나요?" 하지만 그렇다고 해서 아이에게 옳지 않은 대우를 받는 것을 묵묵히 참으라는 말은 아니다. 아이는 어른으로서 새로운 부모에게 예의를 갖추어야 하고, 어른은 아이가 신체적인 위험에 빠지지 않도록 보호하고 보살펴야 하는 의무와 권리가 있다.

이러한 새로 형성된 삼각 관계를 성공적으로 이끄는 열쇠는 아마도 배우자간의 심도 깊은 대화일 것이다. 새로운 파트너가 상대편 자녀에게 강제로 시킬 수 있는 '최소한의 협의안'은 어떤 것일까? 어떤 것은 받아들이고, 어떤 것은 받아들이지 않아도 될까? 두 사람간의 협약이 정확하게 이루어진다면, 아이를 원인으로 한 불필요한 싸움은 피해갈 수 있을 것이다. 사려 깊은 배우자는 자신의 상대가 우선적으로 아빠 혹은 엄마의 입장을 취하고자 한다는 사실을 쉽게 이해한다. 그들의 사려 깊음으로 새로운 파트너는 좀처럼 갈등이나 선택의 상황속으로 내몰리지 않는다. 자신의 아버지나 어머니가 부모로서 이처럼 존중받는 것을 느끼는 아이는 새로운 부모에 대해 쉽사리 반항이나 증오를 드러내지 않을 것이다.

새로운 부모는 아마도 독창적인 역할, 즉 자애로운 어른이라는 역할로 아이 옆에 설 수 있을 것이다. 만약 아이가 탈선한다거나, 아무렇게나 행동한다면, 아이에 대한 자신의 염려를 솔직하게 말해야 한다. "나는 네 아버지(어머니)는 아니지만, 네가 그렇게 행동하는 것이 몹시 마음에 걸리는구나. 내 생각에 네가 잘못하고 있는 것 같다." 그럼으로써 아이는 자신이 소외되지 않았고, 자신의 생활과 행동에 무관심하지 않다는 것을 알게 된다. 아이의 성장에 도움을 줄 수 있는 열정과 지식의 전수를 꺼릴 필요는 없다. 스포츠나 토론, 다른 활동들을 이용해도 좋다. 이런 활동들이 밑거름이 되어 기쁨을 공유하게 되고, 그럼으로써 관계는 얼마든지 향상될 수 있다. 물론 모든 경우에 다 그렇지는 않지만······.

새로운 부모와 아이 사이의 관계 형성 실패가 아이의 책임으로만 여겨질 수는 없다. 아빠나 엄마의 새로운 사랑은 그 또한 나름대로의 사연과 불만을 갖고 있을 수 있다. 그로 인해 억압되든 억압되지 못하든 간에 일종의 공격 성향이 드러날 수도 있음을 염두에 두어야 한다.

실제로 상대방의 아이는 새로운 파트너에게 '지워 버려야 할 존재'로 인식되기도 한다. 왜냐하면 아이는 전처나 전남편의 육화된 모습이기 때문이다. 그 아이는 결코 새로운 연장체가 될 수 없으며, 그 자신 또한 그 아이가 낳은 아이들의 할아버지, 할머니가 될 수 없을 것이다. 그 아이는 자신과 닮은 어떠한 신체적인 형태적인 특징도 가지지 않을 것이다. 그 아이에게서 작은 잘못도 지적할 권한이 없다. 신데렐라 이야기는 결코 상상으로만 탄생한 것이 아니다. 불행히도 신데렐라는 우리들 속에 살고 있는 실제 모습이다. 그런 이야기가 바로 우리 집에서 실제로 일어나지 않게 되기를 조심하면서 살아야 할 것이다…….

새로운 부모의 역할은 이처럼 복잡하다. 그러므로 몇몇 사회학자들은 양부모들을 돕기 위한 그들만의 법률을 만들어 내기 위해 연구를 거듭하고 있다. 그것은 양부모의 위상 정립을 위한 법률안이다. 그 내용을 살펴보자면 여러 가지 가능성이 제시되고 있다. 그 중 하나는 양부모에게 양자녀의 일상 생활 중 한 가지 일을 대표해서 해줄 수 있는 권한을 부여하는 것이다. 예를 들어 학교에서 견학을 간다거나 할 때, 양부모의 사인을 받아와야 한다는 등……. 이러한 방법은 부모의 특권과 혼동되지 않게 양부모의 역할을 공식적으로 인정해 주는 하나의 방도가 될 수 있다. 어쨌든 가족의 새로운 구성은 요 몇 년간 가족 내 범위를 넘어서는 문제로 대두되고 있음을 알 수 있다.

'새로운 가족'

새로운 부모는 홀가분한 몸으로 새 가족을 맞지 않을 때도 있다. 그
역시 자신의 아이를 데리고 새로운 가정으로 들어오기도 한다. 어머
니 쪽의 아이와 아버지 쪽의 아이가 모여서 함께 잘 살아갈 수 있을
까? 재구성된 가족은 새로운 결합으로 이루어져 있기 때문에, 거기에
관해 단순히 뭐라 예측해서 말할 수는 없다. 두 가정은 공통된 이야기
나 교육적인 모델을 가지지 못했다. 심지어 매우 상반된 환경에서 살
아왔을 수도 있다. 아버지 쪽 아이들은 하루 내내 아무 때나 냉장고 문
을 열고 닫을 수 있는 생활을 한 반면, 어머니 쪽 아이들은 식사 때 이
외에는 냉장고를 열지 못하도록 교육받았을 수도 있다. 마치 모자이
크처럼 조각조각이 결합된 가족은 언제든 터질 수 있는 문화적 충격을
안고 있는 격이며, 어느 때고 용암을 분출할 수 있는 활화산과도 같
다. 문화와 전통이 각기 상이한 두 민족이 같은 땅에 살기 위해 애쓰
고 있는 것과도 흡사하다고나 할까……

하지만 다른 관점으로 보면 '두 강변'의 아이들 사이에 진정한 연
금술이 일어날 수도 있다. 각자 나름대로 부모의 이혼이라는 아픔을
겪은 아이들은 서로간의 공동체 의식을 느낄 수도 있다. 상대편 아이
들은 어떻게 고난을 극복했을까가 궁금한 것이다. 그럼으로써 동질감
이 형성되고, 서로의 아픔을 이해할 수 있게 되면, 한 배를 탔다는 공
동체 의식이 생겨날 수도 있다.

새로 결합한 부모의 태도가 이 가족의 화합에는 가장 중요한 조건
이 된다. 그들의 태도는 정의로움과 공평함을 기본으로 각자의 영역

을 존중해 주어야 한다. 아이는 자신의 이복남매나 형제가 자신이 없는 사이 자신의 물건을 쓰거나, 자기 방에 들어오는 것을 꺼릴 수도 있다. 질투심의 문제도 또한 생겨날 수 있다. "새엄마의 아들이 늘 아빠 옆에 붙어 있는 바람에, 정작 나는 아빠와 지낼 시간이 2주에 한 번 주말 밖에는 나지 않아요"라고 아빠에게 말하는 아이가 있을 수 있다. 그럴 경우 아이의 입장에서 위로해 주는 것이 중요하다. "난 여전히 너의 아빠임은 변함이 없단다. 그 아이는 내 아이가 아니라는 것을 너도 잘 알잖니?" 경우에 따라서는, 가족의 재구성 이후에도 자신의 아이에게 더욱 신경을 쓰고 시간 할애를 해야 할 필요가 있다. 그보다 더 우선적인 일은 없다고 봐야 한다.

아이가 복잡하게 확장된 가족 집단 안에서 혼란스러워하지 않고 잘 살아갈 수 있는지를 생각해 보아야 한다. 자주 만나게 되는 새조부모 · 새삼촌 · 새고모 · 새사촌들 사이에서 아이는 자신이 그들 가계에 속한다고 느낄 수가 있을까? 하지만 우선적인 위험은 여기에 있지 않다. 가족의 자리(친부모와 친조부모의 자리)는 아이가 아무리 어리다 할지라도, 부담스럽거나 혼란스러움을 주는 것은 아니다. 특히 아이를 정기적으로 가족들 모임에 데려간다거나, 자주 만나게 해준다면 더더욱 큰 문제가 될 것은 없다.

하지만 이 모든 새로운 관계들이 진정한 풍요로움으로, 성장을 위한 확장으로 받아들여지기 위해서는, 다른 모든 갈등 상황들이 종결되고, 아이가 내면적인 안정을 찾은 뒤에라야 한다. 하지만 이혼 이후의 상황은 우리가 이미 살펴보았듯이, 평화롭지만은 못함이 분명하다. 재구성으로 확장된 가족은 전통적인 대가족이 그랬던 것처럼 아이에게 핵가족보다는 훨씬 광범위한 사회화 과정을 제공해 주며, 가족 집단 생활에 더욱 관심을 갖게 만든다(이러한 가정이 모든 경우에 다 적용되는 것은 아니다).

재구성된 가족을 만병통치약이나 유일한 희망으로 여기는 입장과, 아이에게 고통을 줄 뿐인 위험한 것으로 여기는 입장 사이에서 우리는 아마도 중간적인 길을 찾아내야만 할 것이다. 그 길은 언제나 우리 아이들이 가장 우선시되어야만 하는 것은 당연한 일이다.

아기가 태어나면

새로운 가정에서 동생이 태어나는 것은 아이에게 있어 중요한 하나의 과정이다. 자신과 어머니가 같은, 혹은 아버지가 같은 그 아기를 아이는 사랑할 수 있을까? 혹은 질투심을 느끼지는 않을까? 이런 의문이 드는 것은 당연지사이다. 그러면서도 우리는 아이가 이미 경험한 적이 있는 '친형제-자매'의 경우와 크게 다르게 느끼지 않을지도 모른다는 생각을 동시에 하게 된다.

이런 익숙한 형제 관계에 대해 잠시 살펴보기로 하자. 우리는 흔히 형제자매를 사랑해야 한다는 강박관념을 가지고 있다. 가족이라는 신화에 의해 서로 얽히고, 사랑의 낙인이 찍힌 관계로 여겨진다. 하지만 모든 것이 그렇게 단순하지만은 않다. 형제 관계는 종종 갈등을 불러일으킨다. 다행스럽게도 요즘은 성경이나 신화에 나오는 이야기들처럼 서로를 죽이는 일이 흔하지는 않지만 말이다. 또한 형제자매는 부모님과의 관계 형성에 있어서 방해하는 존재이며 침입자이다. 물론 그 속엔 사랑도 있다. 미움, 심지어 살의까지도 형제자매 사이엔 항상 있기 마련이다. 아이가 '진짜' 형제와 함께 느낄 수 있는 많은 감정들을 의붓형제와도 비슷하게 느낄 수 있다. 그것이 꼭 다를 이유는 없는 것이다. 마찬가지로 동일한 충동들이 두 경우 모두 일어날 수 있다.

차이가 있다면 부모나 양부모의 태도에서 찾아볼 수 있을 것이다. 형제자매간에 생기는 강한 시기심에도 불구하고 그들 사이를 이어주는 사랑과 공모감은 무엇이란 말인가? 그에 대한 대답은 바로 부모이다. 불씨에 대고 부채질을 하지 않고, 어떤 한 명을 유달리 더 좋아하지 않으며(비록 아이들마다 각기 다루어야 하는 방법이 다를 수는 있지만), 항상 공평하고, 한 아이마다 각자 특별한 존재라는 것을 인식시켜 주는 부모가 있어야만 한다.

그러나 재혼으로 결합된 가족의 경우, 이렇게 평온하고 공평한 분위기가 항상 이루어지는 것은 아니다. 의붓자식을 매우 소중히 대해주던 의붓부모라 하더라도, 자신의 아이가 생기게 되면 그 관심을 자신의 아이에게로만 돌려 버릴 가능성이 많다. 그런 경우에 상대 배우자는 그가 자신의 아이와 새로 태어난 아이를 차별적으로 대한다는 것을 알면서도 그냥 두고 볼 수밖에 없다. 또한 차별을 느끼는 아이는 자신의 정당한 질투심을 자유로이 드러낼 방도를 찾지 못하고, 아기에게 그런 시기심을 보이는 것은 생각만으로도 무거운 부담으로 작용하게 된다. 이런 경우 아이는 새로운 가정에서 자신이 설 곳이 없음을 느끼게 된다. 또한 헤어진 전 배우자는 소외당하는 자기 자식을 보면서 다시 한번 더해지는 슬픔을 얻게 되고, 자신의 실패와 외로움을 거듭 확인하는 기회가 될 수도 있다. 특히 그가 새로운 가정을 꾸리지 않은 상태일 때는 더 그렇다. 아이는 아이 나름대로 슬퍼하는 부모를 배신하지 않기 위해, 새로운 아기 동생을 좋아하지 않는 척 부모 앞에서 연기할 것이다.

결론적으로, 새로운 가정에서 아기가 태어나면 이미 있는 자녀들에게 두 배로 더 신경을 써주어야 한다. 부모의 마음속에 여전히 아이들이 온전하게 존재함을 보여주어야 하며, 새로운 동생을 사랑하고, 또 질투할 권리가 당연히 있음을 알려 줘야 한다.

□ 베르제 교수의 병례 16: 아델의 경우

만 6세인 아델의 부모는 이혼했고, 아버지는 재혼하였다. 그의 두번째 아내는 임신하였고, 아델은 아기 동생을 갖게 된다는 데 매우 흡족해하였다. 출산은 이루어졌고, E부인은 딸아이의 기쁨을 함께 나누었다. 한편으론 아이의 기분을 맞춰 주고 기뻐했으나, 기분이 나쁠 때면 그 아기는 네 친동생이 아니라 의붓동생일 뿐이라고 말해 주고 싶은 마음이 굴뚝 같았다. E부인은 자기 입장에서는 그 아기의 출생이 받아들이기 쉬운 일이 아님을 솔직하게 말하였다. 전남편은 재혼한 삶을 성공적으로 누리고 있는 데 비해, 자신은 새로운 파트너와 헤어진 뒤 홀로 남아, 감정적으로 실패감을 느끼고 있던 차였기 때문이었다.

아델은 아기의 출생 이후, 아버지와 새어머니가 자신에게 예전같은 관심을 보이지 않음에도 불구하고, 아기를 보러 아버지 집에 가는 것을 좋아하였다. 아델은 스스로 말 잘 듣는 아이가 되려고 노력하고 있다고 말했고, 아버지를 실망시키고 싶지 않아 했다. 아델은 이미 복잡한 상황을 감지하고 있었던 것이다. 아델은 남동생을 갖게 된 것을 기뻐했고, '작은엄마'가 되어 아기를 돌보는 것에 만족감을 느꼈다. 이는 매우 정상적인 반응이다. 하지만 다른 모든 아이들처럼 새로운 동생의 출현에 대해, 그리고 그것을 기뻐하는 아버지에게 시기심과 질투를 느끼는 것도 당연한 일이다. 하지만 아델은 그런 감정을 드러내지 않으려고 애쓰는 것 같았고, 새어머니와의 언제 깨질지 모르는 관계에 몹시 신경을 쓰는 것 같았다. 아델은 무조건적인 사랑이라는 혈연의 끈을 새어머니와는 갖고 있지 않았기 때문에, 공격성이나 분노 같은 감정을 드러낼 수 있는 기반이 없었던 것이다. 그러므로 아이는 신중해질 수밖에 없었다.

게다가 아델은 의붓동생의 탄생을 괴로워하는 어머니에 대해서도 민감한 반응을 보였다. E부인에게 여동생을 낳아 달라고 말하기도 했다. 아델은 어머니에게 그렇게 말함으로써 어머니를 위로해 주고 싶었던 것이다. E부인은 아델에게 사랑하는 남자가 생기지 않는 한 그런 일은 있을 수 없을 거라고 말해 주었다고 한다.

12

할아버지, 할머니, 저 좀 도와주세요!

조부모는 아이의 교육에 대한 일차적인 책임을 가지고 있진 않지만, 손자손녀들에 대한 넘치는 애정을 갖고 있는 사람들이기 때문에, 아이에게 있어서는 무시할 수 없는 중요한 균형 요소이다. 특히 아이가 고통스럽고 견디기 힘든 삶을 살고 있을 경우에는 더욱 그러하다. 물론 조부모가 아이 앞에서 이혼에 직접적으로 가담하여 한쪽 편을 들지 말아야 함은 분명하다.

부모의 헤어짐으로 인한 고통에 사로잡힌 아이는 일종의 평화로운 항구인 편안히 몸을 쉬게 할 수 있고, 평정심을 얻을 수 있는 중립적인 장소를 필요로 한다. 또한 자기 심정을 고백하고 싶을 때 그것을 주의 깊게 들어 줄 수 있는 존재도 필요하기 마련이다. 조부모들이 그런 역할을 해줄 수 있을까? 이상적인 조부모의 역할에는 고요한 울타리를 제공해 줄 수 있는 요소가 충분하다.

아이와 조부모 간의 관계는 보통 큰 갈등 없이 평온하기 마련이다 (물론 예외적인 경우도 있기 마련이지만). 조부모가 아이에게 금지하고, 야단칠 일이 생긴다 하더라도 그것은 예전에 자기 자식들에게 가졌던 기쁨과 사랑, 감정들을 재경험하는 것이다. 그들이 아버지, 어머니였을 때는 충분히 가져보지 못했던 아이들과의 그런 시간들을 이젠

보다 여유롭게 가지게 되는 것이다. 따라서 조부모는 손자손녀들에게 더 많은 사랑을 주고 싶어 한다. 빅토르 위고는 《할아버지가 되는 법》에서, "나는 사랑해 주는 것 말고는 더 할 일이 없다" "할아버지가 된다는 행복한 우연이 내 머릿속에 달콤한 균열을 일으켰다"라고 쓴 바 있다. 얼마나 아름다운 고백인가! 또한 조부모들은 자신들이 자기 자식들을 잘 돌보는 것을 바라봄과 동시에 아이들에게 전해 줄 수 있는 것이 무엇인가를 되돌아봄으로써 무한한 기쁨을 느끼게 된다.

아이 입장에서 보면, 아이는 조부모와는 크게 부딪칠 일이 없다. 도전이나 화냄, 한계에 부딪치기, 동일시나 반항 같은 것은 부모님과의 사이에 주로 일어난다. 아이에게 있어서 할아버지와 할머니는 일종의 이상적인 어른인 것이다. 그들은 부모님보다 덜 엄격할 뿐만 아니라, 같이 놀아 주고, 산책하고, 재미있는 이야기를 해줄 시간도 더 많이 갖고 있다.

또한 조부모는 지나간 옛날을 알고 있기에, 가족들의 옛날 역사를 들려 줄 수 있고, 그런 이야기는 자신의 뿌리를 알고 싶어 하는 아이들을 즐겁게 한다. 이혼이라는 파국으로 완전히 균형을 잃은 아이에게, 자기 가정이 어떻게 될지 알 수 없는 아이에게, 이보다 더 안정감을 주고, 소속감을 부여해 주는 곳이 또 있을까?

마지막으로 지적할 것은, 조부모는 아이의 머릿속에서 종종 성 역할이 삭제되어 있는 경우가 많다. 반면 부모에 대해서는 그렇지가 않다. 아이가 할아버지와 할머니가 성적인 유희를 즐길 것이라고 상상하는 일은 드물다. 생각조차도 못한다. 이것은 아이의 내면적인 평온함을 위해 매우 긍정적인 요인이다. 이렇게 견고하고 단단한 기둥을 지탱함으로써 아이는 자신이 건너가야 할 위기의 시간을 무사히 넘길 수 있게 된다.

중립지대

하지만 조부모가 아이가 필요로 하는 이러한 중립권을 제공해 주기 위해서는 그들 나름대로 중립성을 지니고 있어야만 한다. 즉 아이 앞에서 자식의 이혼에 직접적으로 가담하거나 한쪽 편을 드는 모습을 보이지 말아야 한다. 아이가 조부모의 집을 방문했을 때, 부모 중 한쪽의 험담을 듣는 것만큼 참기 힘든 일도 없다. 그것은 아이의 아픔을 되새김질해 줄 뿐이고, 불필요한 일이다. 또한 아이들이 조부모에 대해 갖고 있는 신뢰를 많은 부분 깎아먹게 하는 행동이 될 것이다.

하지만 꼭 필요한 이런 중립성이 슬프게도 언제나 가능한 일은 아니다. 종종 맹목적인 자식에 대한 사랑이 그것을 어렵게 만들기도 하기 때문이다. 자기 자식이 고통을 겪는 것을 보는 모든 아버지와 모든 어머니들은 자식이 성인임에도 불구하고, 자식을 위해 참견하고 싶은 욕구를 느낀다. 마치 아주 오래전에 자식이 꼬맹이였을 때, 모래 놀이에서 삽질을 하다 작은 싸움이 일어났을 때, 그것을 바라보는 심정이 되기 마련인 것이다. 부모 자식 간의 관계는 시간이 흐름에 따라 변화하고 느슨해지지만, 자기애적이고 보호자적인 관계는 계속 지속되기 때문이다.

이혼은 고통과 상처를 불러일으키는 요인이므로, 많은 부모들은 폭풍우에 휘말린 자기 자식을 구원해 주기 위해 단숨에 달려가기 마련이다. 그래서 상처에 붕대를 감아 주고, 감싸 안아 주며, 회복시켜 주고자 한다. 이런 부모의 역할은 지극히 정상이며, 또 당연하다. 그런 역할을 담당하는 이는 부모가 가장 적당하다. 하지만 주의해야 할 점은, 지나치게 깊이 관여하지 말아야 한다는 것이다. 자식이 느끼는 감정에서 어느 정도 벗어나 거리를 유지해야 하며, 상황을 객관적으로 분석할 수 있는 평정심을 갖도록 노력해야 한다. 내 자식이 괴로움을 겪으므로 내가 그를 위로해 준다. 하지만 나는 중립을 지켜야 하고, 내 아이나 그 배우자를 비난하거나 옳고 그름의 판단을 내리지는 않아야 한다(매우 심각한 잘못을 저지른 경우는 제외하고). 이것이 바로 조부모가 할 일이다.

복잡한 관계

현실은 우리가 갖는 소박한 바람과는 거리가 멀게 전개될 때가 많다. 이혼은 커플 두 사람뿐만 아니라 그들의 자식들을 포함하여 주변의 모든 것들을 변화시키기 때문이다. 또한 이혼은 조부모와 아이 사이의 해결된 줄로만 여겼던(실제로는 그렇지 못한) 갈등 요소를 다시금 불러일으키게 된다.

이혼 이후에 어떤 사람들은 곧바로 부모님의 집으로 살러 들어가는 사람들이 있다. 그 방법이 일시적인 것이라면, 대책 없는 괴로움에 빠진 사람에게 자신을 되돌아보고, 물질적인 걱정을 잊어버릴 수 있게 해준다면 안 될 것도 없다. 하지만 그런 상태가 오래 계속된다면, 과도하게 부모님을 의지하게 되는 경우가 속출하게 된다. 마치 그런 방법을 택한 자들이 이전에 한 번도 부모 앞에서 자신의 의견을 당당히 제시해 본 적이 없었던 것처럼 되어 버린다. 권력은 조부모에게로 이양되고, 조부모가 손자들의 교육까지 영향력을 미치며, 부모의 몫을 완전히 빼앗아 버린다. 이런 상태가 유익함을 줄 수는 없다. 그 누구에게도…….

반면, 이혼으로 인해 아이들이 부모로부터 거부되는 상황도 종종 발생한다. 부모는 아이에게서 자기 가족에 속할 수 없는 미운 점들을 보게 되고, 아이를 수치스럽게 여기며, 아이를 이혼의 직접적인 원인으로 매도하기도 한다. 이웃 사람들이, 친구들이 뭐라고 할까에 더 신경을 쓰는 부모는 아이의 영혼에 대해서는 완전히 망각하게 된다. 아이와 부모를 연결하고 있는 자기애적인 애착 관계는 두 가지 이중적인 의미를 가짐을 기억하도록 하자. 즉 "나는 너를 무조건적으로 사랑한다. 왜냐하면 너는 나의 연장이니까……. 하지만 네가 나의 너무나 수치스러운 연장이 되어서는 안 된단 말이다!"

어찌되었건 이혼이 부모 사이에 매우 힘든 역경을 가져다 준다 하여도 아이가 그것을 모두 감당해야 한다거나, 아이로부터 할머니, 할아버지를 빼앗아 가는 상황을 만들어서는 안 된다. 모든 비판적인 시선은 접어두고, 조부모들은 손자들에게 여러 가지 풍요로움을 제공해줄 줄 알아야 한다. 법관들도 이 점에 대해 잘 인식하고 있기 때문에 이혼의 경우 아이들이 정기적으로 조부모의 집을 방문할 수 있도록 법조항을 만들어 놓았다. 하지만 판사가 그러한 법조항까지 언급해야 하는 상황은 최종적인 결론으로 이용되어야만 할 것이다.

□ 베르제 교수의 병례 17: 루시의 경우

만 6세인 루시의 고통은 외가쪽 가족들과 친가쪽 가족들 간의 극심한 갈등으로부터 비롯되었고, 아이가 중립적이고 안전한 장소에서 생각할 수 있는 능력을 회복하는 시간을 주기 위해, 소아정신병원에 입원시키는 것이 불가피한 상황이었다.

C씨 부부는 그다지 큰 문제없이 살고 있었는데, 그것은 C씨 부모의 간섭을 군말 없이 받아들일 때에만 그러하였다. C씨의 어머니는 부부의 은행 구좌에 대한 대리인 자격을 갖고 있었고, 아들 부부가 아이를 낳았을 때, 그들이 정해 놓은 아기 이름 대신 자신이 마음에 드는 이름으로 바꾸도록 강요하였다. 루시가 태어남으로써 예전의 유약했던 평화는 점차 금이 가기 시작하였다. 임신을 하게 되면서 C씨 부부는 차츰 자신들 나름대로의 부모로서의 고유성을 인식하기 시작했고, 아이의 탄생으로 인해 성인으로서 자식에 대한 책임감을 갖게 되었다. 두 사람의 부모로서의 이런 이행은 지금까지 C씨 부모님이 해오던 C씨 부부에 대한 제어에 커다란 위협으로 작용하게 되었다. C씨 부모는 한편으로는 C씨 부부에 대한 제어의 강도를 높이면서——동시에 루시에게도 교육적인 면에서 심한 간섭을 하였다——다른 한편으로는 며느리의 존재를 부인하기 시작하였다. 혼자 힘으로 생각하는 능력이 없었던 C씨는 부모의 말을 곧이곧대로 받아들였고, 루시가 태어나자마자 아내가 아이에게 충분한 사랑을 주지 않고, 아이를 이해하지 못하고 있다고 생각하게 되었다. 아이는 C부인과 시부모 사이에서 소유권 쟁취의 대상으로 전락하였다. 그 이후는 싸움의 연속이었다. 루시는 부모간의 말다툼과

육체적인 싸움까지도 직접 목격해야만 했고, 싸우는 도중 부모가 팔 한 쪽씩을 붙들고 반대 쪽으로 잡아당기는 상황을 종종 겪어야만 했다. 부부는 결국 헤어졌다. 조부모와 아버지는 아이의 양육권을 얻어내기 위해 법적인 절차로 곧바로 돌입하였다.

C부인은 시부모의 비정상적인 간섭을 받아들인 것으로 보아, 성인으로서의 성격적인 결함을 어느 정도 갖고 있긴 했지만, 루시의 고통에 대해서는 다른 사람들보다 더 민감하였다. 아이는 불행해하였고 비정상적으로 공격성을 보였으며, 다른 아이들을 깨물어서 종종 울게 만들곤 하였다.

병원측에서는 C씨가 아이와 함께 병원 밖으로 외출할 때, 단 둘이 시간을 보내지 못한다는 것을 곧 알게 되었다. 그는 곧바로 부모님 댁으로 아이를 데리고 갔으며, 부모님은 나름대로 법으로 허가한 아이를 보는 날짜를 따로 가지고 있는 상황이었다. 이런 끊임없는 갈등 상황으로부터 아이를 보호할 수 있는 중개적인 만남의 장소가 절실하게 필요하였다. C씨 부부는 각자 다른 날짜에 아이를 만나도록 조치되었고, C씨는 아이의 조부모와 함께 올 수 있었다(부모님 없이 C씨가 혼자 아이를 보러 올 수 있게 된 것은 이후로도 많은 시간이 지난 후에야 가능하게 되었다). 점차적으로 조부모의 간섭을 줄여나가는 것이 가능하게 되었고, 루시와의 개별적인 시간을 통해 각자 자신이 하고 싶은 말을 전달할 수 있었다.

루시가 부모와 만나는 것은 주목할 만한 일이었다. 루시는 조부모와 아버지를 만날 때면 어머니에 대해 한마디도 하지 않았지만, 어머니가 준 선물 등을 노골적으로 내보임으로써 자기 머릿속에 어머니가 존재하고 있음을 드러내 보였다. 아이가 어머니의 이름을 꺼내기라도 하면,

아버지와 조부모는 C부인에 대한 적대감을 곧바로 아이 앞에서 표출하였다. 루시는 반대로 아버지의 선물을 어머니와 만날 때 가져가기도 했다. 그런 만남이 계속되는 동안 어른들은 아이가 느끼는 고통에 대해 무심해 보였다.

다음의 두 가지 상황은 루시가 얼마나 어른들의 갈등으로 인해 피해를 보고 있는지를 잘 보여준다.

어느 날 병원의 욕실에서 루시가 그녀를 좋아하는 한 간호사의 팔에 안겨서 거울을 보고 있을 때였다. 두 사람은 서로를 쳐다보았고, 간호사가 루시에게 미소를 지어 보이자 루시는 자신이 나쁜 아이라고 말하였다. 루시는 어머니를 대신하여 애정을 주는 사람인 그 간호사의 미소의 화답하여 웃음을 지으려다가, 조부모와 아버지 눈에 자신이 나쁜 아이로 비춰질 것임을 직감하였던 것이다.

또 다른 어느 날, 루시가 담당 의사와 면담하던 중, 아이는 양측 부모 간의 지나친 충돌을 피하게 하기 위해 스스로를 희생할 생각까지도 하고 있음을 보여주었다. 즉 아이는 자신이 바로 갈등의 주 요인이므로, 자신이 없어지면(자살을 하면) 어머니와 아버지가 다시 같이 살 수 있을 것이라고 몇 번이나 되풀이해서 말했다고 한다. 또한 아이는 어머니가 포크를 들고, 아버지와 조부모는 칼을 든 채, 서로 싸우는 대신 그들 사이에 놓은 자신을 케이크 자르듯이 반으로 잘라 나눠 가지는 상상을 하곤 한다고도 털어 놓았다.

결 론

이제 우리는 "이혼이 아이의 삶에 있어서 지속적인 흔적으로 남는가?"라는 질문을 제기하려 한다. 평생 '이혼 부모의 자식'으로 남는 것은 어쩔 수 없다. 온 가족이 모여야 하는 일생의 중대사——약혼·결혼·입학·졸업 등——에 헤어진 부모님과 그들의 새배우자를 같이 초대해야 할지, 말아야 할지를 고민해야 한다. 이런 복잡한 상황은 종종 가슴 아픈 선택을 하게 만든다.

불행 중 다행으로 어떠한 연구 결과도 쉽사리 비관주의에 빠지도록 내버려두지는 않는다. 이혼 가정의 아이들이 학업 성적에서 부진을 보이고, 마약 중독이나 청소년 경범죄 발생 수치에서 높은 비율을 보이고 있음을 확인시켜 주는 통계에서조차 매우 신중한 입장을 보이고 있는 것이 사실이다. 그런 결과를 확언할 수 없는 다른 많은 예들이 있기 때문이다.

많은 이혼 부모들의 주요 걱정거리는 바로 그들의 삶을 아이들이 반복하지는 않을까 하는 것이다. 안정된 부부의 모범적인 전형을 보지 못한 아이들이 그들 자신처럼 감정적인 실패를 되풀이하지는 않을까? 이혼 가정의 아이들이 그들 인생의 어떤 순간에 부모의 이혼으로 상처를 입었다 하더라도, 거기에는 어떠한 운명적인 성격도 없다. 아이는 부모의 심리를 유전자처럼 물려받는 것이 아니기 때문이다. 부모가 함께 살았을 때 아이가 받는 사랑, 그리고 헤어진 뒤 양쪽 부모에게서 각각 받는 사랑으로 아이는 성장한 이후에 충분히 자신의 짝과 함께 견고하고 탄탄한 관계 형성을 해나갈 수 있다. 다행스럽게도 아이가 어린 시절에 내적으로 형성한 영상이나 모습들은 고정적으로 변함없는 것이 아니기 때문이다. 시간이 흐름에 따라 그것들은 변하고, 개인적인 성격에 따라 달라지며, 아이가 경험하는 모든 것들에 따라 변화할 수 있다. 이혼이란 대사건을 성공적으로 극복한 아이들의 경우, 다른 아이들보다 조금 더 일찍 성장하게 만든 그 사건이 자기 내면의 힘이 되었음을 언젠가는 알게 될 것이다.

부 록

교대형 아이 양육 형태에 관한 연구자들 중, 프랑스의 가장 권위자인 제라르 푸생[14] 공작이 모리스 베르제 박사에게 보낸 편지를 여기에서 소개하고자 한다.

선생님,

선생님께서는 제게 부모의 이혼이나 별거로 인해 아이의 거주지가 규칙적으로 교체되는 양육 형태에 대한 제 입장을 물어보셨습니다. 저는 이 문제에 관해 여러 매체를 통해 제 생각을 밝힌 적이 있습니다. 보다 최근에는 프랑스3(France3) 채널의 텔레비전 토론에서 의견 제시를 한 바 있습니다. 여기에서는 종합적으로 간략하게 제 생각의 주요 논지를 밝히고자 합니다.

실제로 저는 교대형 양육 형태에 대한 부정적인 견해에 맞장구치지 않는 몇 안 되는 심리학자들 중 한 명이었습니다. 하지만 저는 이런 양육 형태는 특수한 조건을 어쩔 수 없이 수반하게 됨을 누누이 강조해

---

14) 제라르 푸생(Grard Poussin), 《부모의 역할 *La fonction parentale*》, Dunod, 1999, p.226-230.
제라르 푸생, 엘리자베스 마르탱-르브렁(Elisabeth Martin-Lebrun), 《이혼 가정의 아이들: 부모 이혼에 관한 심리학 *Les enfants du divorce: psychologie de la séparation parentale*》, Dunod, 1997, p.156-160.

왔었습니다. 교대형 양육 형태를 흔히 생각하듯 엄청난 불행으로 여길 필요는 없지만, 부모의 이혼으로 인한 아이의 거주 문제를 결정하는 데 있어서 쉽사리 아무 경우에나 적용될 수 있는 것이 아님을 지적했었습니다.

앞에서 말한 특수한 조건은 지리적인 조건을 포함합니다. 이 양육 형태는 필수적으로 양쪽 부모가 멀지 않은 곳에 살고 있어야 합니다. 특히 아이가 1년 내내 같은 학교에서 공부를 할 수 있도록, 또한 통학에 많은 시간을 들이지 않도록 해주어야 함은 말할 것도 없습니다.

두번째 조건은 부모간의 갈등 수준입니다. 이에 관한 연구는 다소 모순되는 결과를 보여주고 있습니다. 어떤 연구에서는 교대형 양육 형태에서 판사를 다시 찾는 비율이 낮게 조사되었고(스타인만, 1981), 아이들도 최상의 성취도를 보인 것으로 결과가 나왔습니다(실러, 1986). 하지만 다른 연구에서는(존스톤, 1989) 반대로 교대형 양육 형태를 어쩔 수 없이 선택한 커플들이 높은 갈등 수치를 보인 것으로 조사되었습니다. 하지만 모든 연구에서 공통되는 의견은, 부모간 갈등의 고조 원인이 주로 아이의 교육 문제에서 비롯된다는 것이었고, 따라서 우리는 교대형 양육 형태는 아이의 교육 환경에 대한 부모간의 최소한의 합의가 성립된 상태에서만 권유될 수 있다는 결론을 내리게 되었습니다. 또한 존스톤(1989)은 양쪽 부모와 자주 접촉한 아이들일수록 더 많은 혼란을 겪었음을 밝힌 바 있습니다. 따라서 이 문제를 딱 잘라 결론을 내리기란 쉽지가 않습니다. 왜냐하면 아이가 있는 상태에서 더 많은 갈등을 연출하게 되는 상황을 굳이 조장할 필요는 없으니까요. 또한 아이에게 주 거주지를 제공하면서 갈등을 만들어 내는 부모에게 일종의 양육 수당을 주는 것 또한 재고되어야 할 것입니다. 다른 연구에서는 방문권

밖에 갖지 못한 부모의 경우, 많은 아쉬운 마음을 갖고 있으며, 아이와의 접촉 기회를 잃지 않기 위해 애쓰고 있는 것으로 조사되었습니다.

마지막 조건은 아이의 연령과 관련 있습니다. 저는 교대형 양육 형태가 아이를 공평하게 나눠 갖기 위한 수단이 되어서는 안 됨을 계속 강조해 왔습니다. 이런 양육 형태는 아이에게 양쪽 부모와의 접촉을 차단하지 않는 방법으로 사용되어야지, 그것이 단순히 부모가 '자기 몫의 아이'를 소유하기 위해 이용되어서는 안 됩니다. 따라서 무엇보다도 아이의 입장에서 조정되는 것이 중요합니다. 프랑스 3 채널의 토론 프로그램에서 저는, 유아들의 경우는 특히 아이들 각자의 특별한 성장 리듬을 존중하여 적용해야 함을 분명히 하였습니다. 저는 다음의 두 가지 점을 결론적으로 정리하였습니다.

1. 아이의 애착 관계 형성 기능은 아이의 조화로운 발달 과정에 있어서 최우선의 것이다.

2. 이 기능은 아이의 심리 발달 상태를 전적으로 고려해야만 하는데, 그 이유는 유아들의 경우, 보다 나이가 든 아동들과는 달리 시간을 인식하지 못하기 때문이다.

이것에 관해 더 자세히 논의할 만한 시간이 없음이 유감일 뿐입니다. 요약하자면, 젖먹이 유아는 아무런 정신적 충격 없이 한나절 이상 자신의 애착 대상과 떨어져 있을 수 없습니다(한나절만으로도 너무나 긴 시간이죠). 저는 이 점을 앞서 다루었던 문제들과 마찬가지로 한정된 연구 결과물에 의거하여 강조한다기보다는, 상담 현장[15]에서 그 예들을 수도 없이 보고 겪음으로써 강조할 수밖에 없음을 밝힙니다. 제가 알기로,

---

15) 중재의 장소가 된다.

교대형 양육 형태에서 자라고 있는 젖먹이 유아에 관한 연구가 아직까지 없었습니다. 이미 언급한 바 있는 실러의 연구를 예로 들자면, 그는 '잠복기(만 6세 이후)' [16]의 아동들에 대해 따로 연구하였습니다.

제 답변이 비교적 명확하게 전달되었기를 바랍니다. 제 나름대로는 지금까지 제가 발표했던 연구 결과물들을 종합하여 설명하고자 애썼습니다. 더 이상 부연할 것도 없네요.

이만 줄이며, 저의 우정과 감사를 보냅니다.

G. 푸생.

추신: 주로 쓰인 참고 문헌을 밝힙니다.

● 존스톤(J. R. Johnson), 《계속되는 이혼 후 갈등: 교대형 양육 형태가 아이에게 미치는 영향 Ongoing postdivorce conflict: Effect on Children of joint custody and Frequent Access》, 정신 위생학 아메리칸 저널, 1989, 59(4), pp.576-592.

● 스타인만(S. Steinman), 《이혼 이후 교대형 양육 형태를 택한 부모들에 관한 연구 A Study of parents who sought joint custody following divorce: Who reaches agreement and sustains joint custody and who returns to court》, 미아동 정신의학 아카데미 저널, 1985, 24, pp.545-554.

● 실러(W. M. Shiller), 《잠복기 남아들의 교대형 양육 형태 대 모자

---

16) 만 6세 이후.

(母子)형 양육 형태: 부모들의 특징과 아이들의 적응 양태 *Joint versus maternal physical custody for families with latency age boys: parents characteristics and Child adjustment*》, 정신위생학 아메리칸 저널, 1986, 56, pp.486-489.

아기들과 유아들에 관한 보다 구체적인 연구 자료들은 모리스 베르제 박사의 인터넷 사이트에서 더 찾아볼 수 있다: http://perso.wanadoo.fr/maurice.berger.

역자 후기

어느 날인가 결혼 생활이 2인3각 경기와 비슷하다는 생각을 했다. 혼자서 아무리 앞서나가려 해도 파트너가 보조를 맞춰 주지 않으면 곧바로 쓰러져 버리기 일쑤이기 때문이다. 사실 아이를 낳아 기르는 것은 너무나도 많은 인내와 정성을 요하는 일이다. 아마도 결혼 생활 중 가장 큰 비중을 차지하는 부분이 아닐까 싶다. 그 일은 아내 혼자 힘으로 다해내기 어렵고, 남편 역시 혼자서는 제대로 해내기가 힘든 것이 사실이다. 두 사람이 안과 밖에서 얼마나 조화롭게 서로 협심하여 돕느냐에 따라 자녀 양육이라는 긴 항해가 순탄할 수도 있고, 혹은 거친 파도를 만날 수도 있을 것이다.

역자로서 나는 이 책이 이혼 전문 상담가나 정신분석의들을 위한 참고용 도서로만 머물기를 원치 않는다. 오히려 나처럼 결혼 생활 속에서 아이들과 부대끼며, 부부간의 문제로 고민하고 번민하는 일반인들에게 더 많이 읽혀지기를 바란다.

이 책은 최종적으로 이혼이란 선택을 한 이들에게 이혼 이후 자녀 양육에 있어서 어떤 마음가짐을 갖고, 어떤 행동 방식을 채택할 것인지에 대한 구체적인 지침들을 제시하고 있다. 또한 이혼을 망설이고 있는(혹은 한 번쯤 진지하게 생각해 본) 기혼 남녀들에게 이혼이란 것이 자녀에게 미칠 좋지 못한 영향들에 대해 세세하게 짚어 주면서, 일종의 엄중한 경고를 하고 있다. 마지막으로 이 책은 "나는 독신자라서" 혹은 "너무나 행복한 결혼 생활을 하고 있으므로" 이혼 문제와는 거리가 멀다고 생각하는 사람들에게도 어떤 메시지를 전달하고 있다. 그것은 바로 이혼한 사람들과 이혼 가정의 자녀들을 선입견 없이 보다 따뜻한 시선으로 바라봐 줄 것을 권하는 것이다.

　세상의 모든 인간은 한 사람 한 사람이 모두 귀중한 존재이다. 하물며
우리 아이들은 말할 것도 없을 것이다. 어른들의 이기심으로, 혹은 편의
를 위해 아이들이 상처입고 아파하는 일이 되도록 없었으면 한다. 나 또
한 많이 반성하고 다짐하면서 이 책을 옮겼다.

2007년 9월 공나리

공나리
한국외국어대학교 불어교육과 졸업
한국외국어대학교 대학원 불어과 졸업
동대학원 박사과정 수료
목원대학교 출강
역서:《호모사피엔스에서 인터랙티브 인간으로》(동문선)
《철학 기초 강의》(동문선)
《오르배 섬 사람들이 만든 지도책 1~6》

문예신서
2012

부모가 헤어진대요

초판발행 : 2007년 9월 10일

東文選

제10-64호, 78. 12. 16 등록
110-300 서울 종로구 관훈동 74번지
전화 : 737-2795

ISBN 978-89-8038-612-3 94370

東文選 文藝新書 277

자유와 결정론

오스카 브르니피에 [외]

최은영 옮김

지금의 내 모습을 결정한 사람은 과연 누구일까. 나 자신일까, 아니면 다른 사람일까.

나는 성장하면서 교육을 받았고, 문화를 경험하고 있다.

그렇다면 교육을 내가 선택했을까.

엄밀히 말하자면 나는 교육을 선택함에 자유롭지 못했다.

나는 부모와 교사의 도움으로 교육을 받아 왔다. 문화의 현장에서
……

나는 부모를 선택했는가, 아니다. 나는 부모의 자녀로 선택받았다.

지금의 내가 있기까지의 역사를 되돌아보면, 나는 지금의 내 모습을 전적으로 선택한 것 같지 않다.

주변에서 존재하라는 대로 존재하고 있다…….

그렇다면 지금의 내 모습을 결정지은 사람은 과연 나 자신일까……

이러한 내가 지금 과연 자유로운 사람일까……

자유란 자신이 원하는 것과 원하지 않는 것을 동시에 알고 있으면서 자신이 원하는 것을 선택하는 것이다.

아는 것이 없는 상태에서 선택을 할 수 있을까.

무지한 사람은 자신이 알고 있는 것만을 선택하거나 되는 대로 선택을 한다.

진정한 선택이라 할 수 있을까. 진정한 자유라 할 수 있을까……

철학적으로 사고한다는 것은 무엇보다도 질문할 줄 알고, 이성적 사유를 구축할 줄 알며, 혼자서 생각할 줄 안다는 것이다.

이 책은 대화의 진행을 바라보면서 스스로 생각하는 법과 철학하는 방법의 기초를 닦을 수 있도록 도와 주고 있다.

東文選 文藝新書 292

교육론

장 피아제

이병애 옮김

　피아제의 관심은 지성이 어떻게 우리에게 생기는가이다. 그는 아이들에게 어떻게 인지 능력이 생겨나고, 지성이 발달하는지를 이해하고자 하였다. 그리하여 지성의 발달에는 단계가 있고, 가르침에 의해서보다 주체의 활동에 의해서 앎이 이루어진다는 것을 알았다. 따라서 학교에서 교사의 주입식 교육보다 학생의 능동적 참여를 강조하게 된다. 사실 피아제는 교육학자라기보다는 심리학자·인식론자·생물학자로서 많은 연구 업적을 쌓았다. 그러나 이러한 과학적인 발달 이론을 적용하여 효과적인 교육을 할 수 있다고 보았으므로 교육에 지속적인 관심을 갖고 있었다.

　아동 교육에서 선생의 역할은 무엇이며, 그 중요성은 어떠한가? 아동의 정신 안에 세계를 이해하게 할 도구나 방법을 형성해 주어야 하는가? 아동의 질문에 대답해 주어야 할까, 아니면 반대로 권위적인 방식으로 지식을 물어보아야 할까? 아동이 자기 것으로 만들 수 있도록 하려면 어떻게 활동을 제시해야 할까?

　교육 방법론, 교사의 역할, 아동의 자율성, 장 피아제는 일생 동안 이러한 주제들을 끊임없이 문제삼았다. 이 책이 말하고 있는 것은 그러한 것들이다. 이 책은 지금까지 일반인들에게 폭넓게 알려지지 않았던 텍스트들을 그 연속성 안에서 이해할 수 있게 해줄 것이다.

　아동 인지 발달 이론의 전문가인 장 피아제(1896-1980)는 20세기의 가장 위대한 심리학자라고 모든 사람이 생각하고 있다.